SCHREIBPILOT

JETZT KOMMT SCHWUNG INS SCHREIB

Liebe Eltern,

nicht immer ist es leicht für unsere Kinder, das Schreiben zu erlernen - und für einige ist es sogar richtig schwierig. Die feinmotorischen Fähigkeiten müssen sich erst noch entwickeln, und der Schreiblern-Prozess kann sogar zu verkrampften Händen und Schmerzen in der Hand führen. Das ist unschön und frustrierend für Kinder und Eltern. Darüber hinaus kostet das Schreibenüben mit den Kindern viel Zeit und Geduld.

Um Ihrem Kind das Schreibenlernen zu erleichtern, haben wir im Team von Lehrern, Schülern und Professoren das Lernsystem SCHREIBPILOT entwickelt, welches zu einem schnellen und effektiven Lernerfolg führt. Ihre Kinder sollen auf intuitive und motivierende Art unterstützt werden, Buchstaben flüssig zu schreiben. In den SCHREIB-PILOT Heften sind die Buchstaben und Zahlen in das Papier eingeprägt – Ihr Kind fährt mit einem Stift die Rillen nach und erlernt spielerisch, die Buchstaben und Zahlen zu schreiben. Die eingeprägten Rillen sorgen für eine exakte Stiftführung, so dass Ihr Kind beim Schreiben nicht abrutscht und immer einen Lernerfolg hat. Wie einfach und intuitiv die Lernmethode funktioniert, lesen Sie auf der nächsten Seite.

Viel Erfolg und Spaß beim Schreibenlernen!

Ihr SCHREIBPILOT-Team

SCHREIBPILOT

IN 3 SCHRITTEN ZUM LERNERFOLG

Das Schreibenlernen ist ein sehr komplexer Vorgang, den wir mit unserem Lernsystem SCHREIBPILOT Ihrem Kind einfach und spielerisch nahebringen und vertiefen wollen.
Das SCHREIBPILOT Lernsystem basiert auf **3 wichtigen Schritten:**

1. Schritt: Einführung und Unterstützung

Auf den ersten Seiten gibt es Zahlenvorlagen mit kindgerechten Illustrationen. Ihr Kind wendet die SCHREIBPILOT Methode an: Das bedeutet, dass Ihr Kind mit einem Stift in den eingeprägten Rillen entlangfährt. Hier lernt es, die Zahlen ohne Absetzen und Abrutschen zu schreiben.

2. Schritt: Übung

Nachdem Ihr Kind im ersten Schritt gelernt hat, die Zahlen ganzheitlich zu schreiben, kommt nun die Phase der Übung. Hier fährt Ihr Kind die Zahlen nach, welche in unterschiedlichen Größen abgedruckt sind, und verbindet die vorgezeichneten Punkte.

3. Schritt: Selbstständiges Zahlenschreiben und Rechnenlernen

Im letzten Schritt schreibt Ihr Kind die Zahlen ohne Vorgaben und Einprägungen. Durch einfache Rechenaufgaben im Zahlenbereich bis 10 (Addition, Subtraktion, Verdoppeln, Halbieren) trainiert es das Zahlenverständnis und das Kopfrechnen. Im letzten Abschnitt lernt Ihr Kind auch noch die geometrischen Formen wie Dreieck, Quadrat etc. kennen.

Wichtige Hinweise: Das SCHREIBPILOT Lernheft kann **mehrfach verwendet werden**, wenn man es mit einem Bleistift verwendet und die Rillen radiert. Der Bleistift sollte nicht zu weich oder zu spitz sein, damit man die Rillen gut nachfahren kann – optimal ist HB.

Weitere praktische Hilfen für den Lernerfolg:

Illustrationen

(Bild mit Tier, z. B. Kamel, oder Blume, Spielzeug etc.)

Damit Ihr Kind den Zahlenwert schnell erkennen kann, sind im Heft zu jeder Zahl Illustrationen abgedruckt – z. B. zwei Elefanten und zwei Punkte bei der Zahl Zwei. Dadurch wird neben dem Schreiben gleichzeitig noch das Zahlenverständnis gefördert.

Zahlen mit Richtungspfeilen

(Bild mit Zahlen, bei dem die verschiedenen Schreibrichtungen mit Pfeilen angezeigt sind):

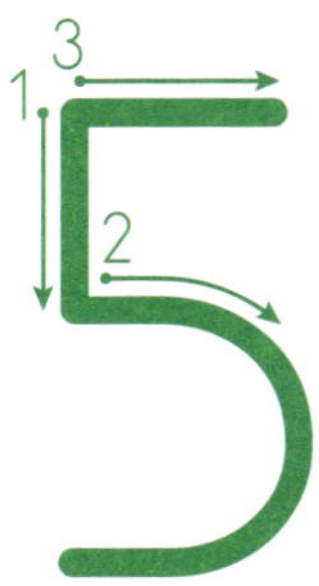

Alle Zahlen sind groß mit Richtungspfeilen abgebildet. Das hilft Ihrem Kind bei den ersten Schreibversuchen.

Motivierte Kinder – zufriedene Eltern:

Mit der erfolgreichen SCHREIBPILOT Methode wird aus Führung Unterstützung – so dass das Schreiben schließlich von ganz alleine klappt!

Inhalt

1	2	3	4	5	6	7	8	9	0

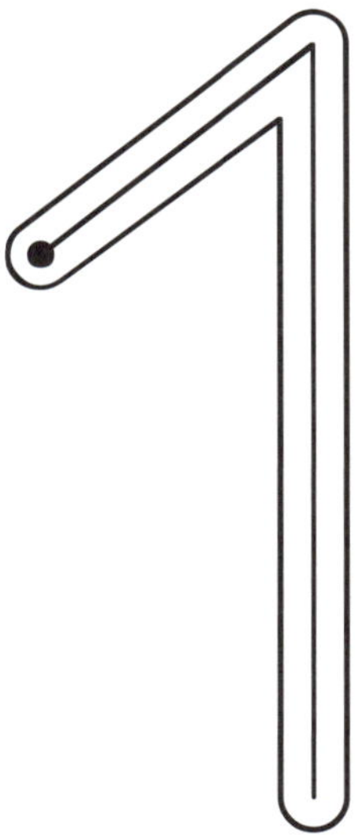

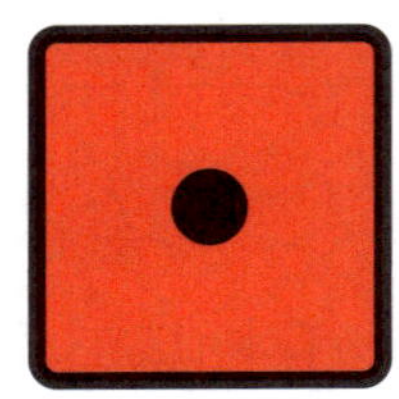

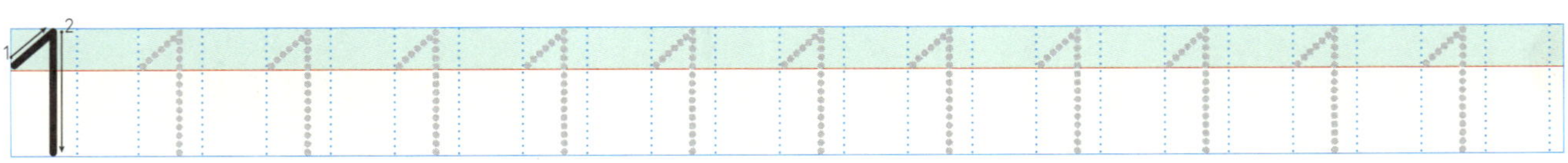

Finde die Zahl 1 und male den Kreis rot an.

1	3	4	1	1	2
2	1	5	6	6	5
4	3	1	3	5	1

1

1 2 3 4 5 6 7 8 9 0

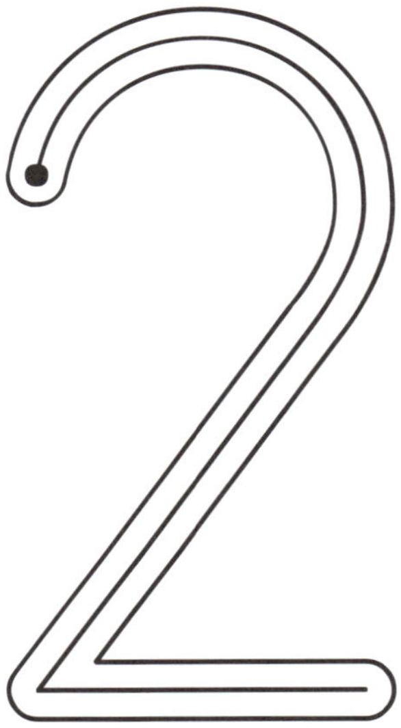

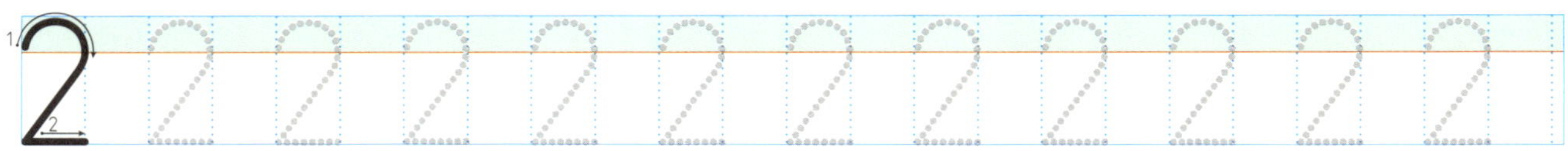

Welches Tier gibt es 2-mal?
Kreise ein.

1
2

1	2	3	4	5	6	7	8	9	0

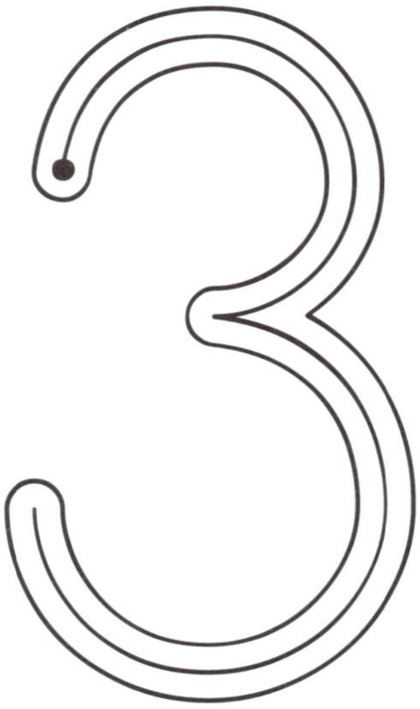

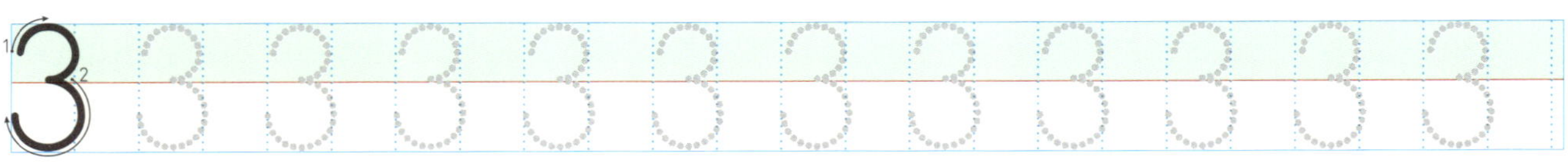

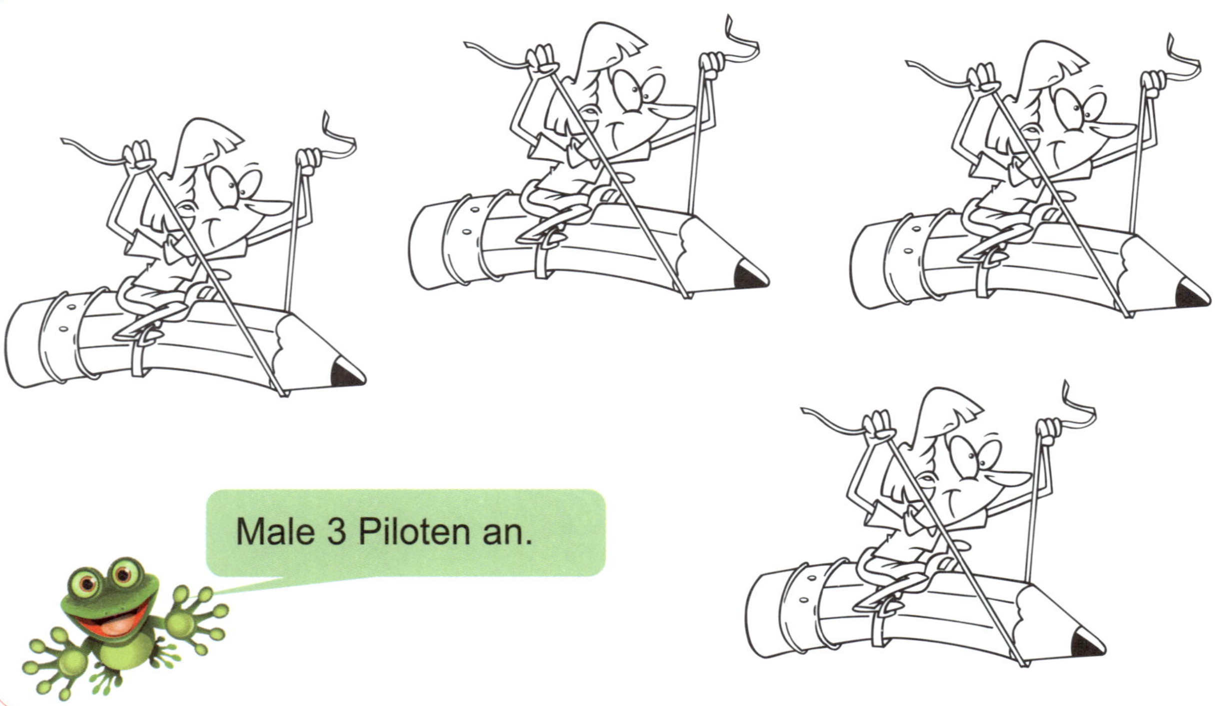

Male 3 Piloten an.

3

1 2

3

3

3

3

3 3 3 3 3 3 3 3 3 3 3 3

3

3 3 3 3 3
3 3 3 3
3 3 3 3
3 3 3
3 3 3
3 3
3 3
3
3 3 3 3 3 3 3 3 3 3 3 3
3 3 3 3 3 3 3 3 3 3 3 3
3

1	2	3	4	5	6	7	8	9	0

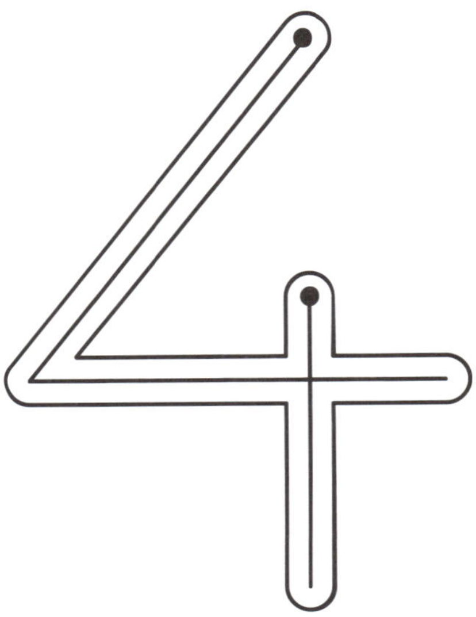

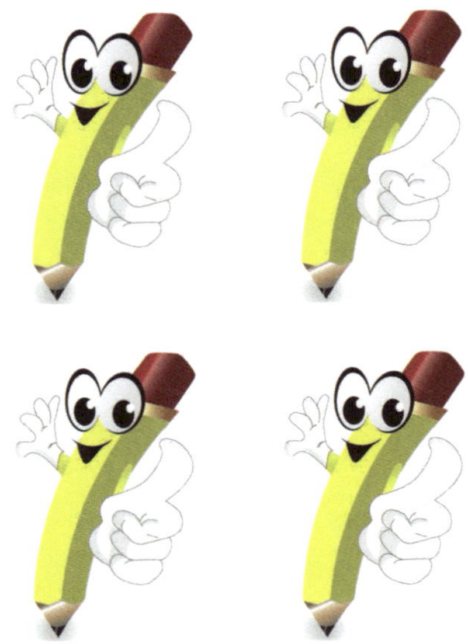

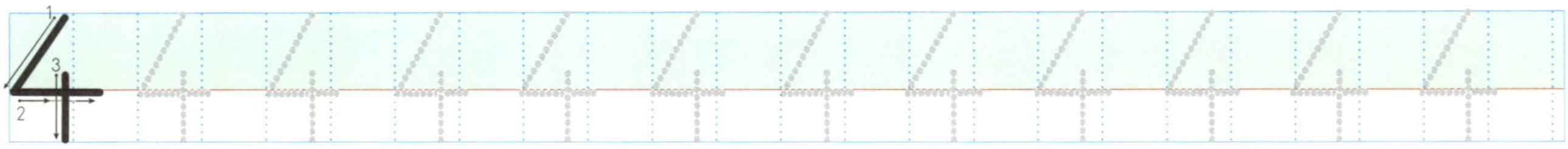

Kreise immer 4 gleiche Symbole ein!

4

1 2 3 4 5 6 7 8 9 0

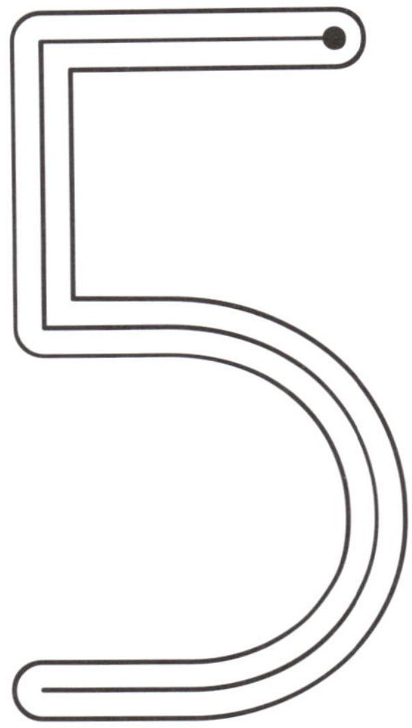

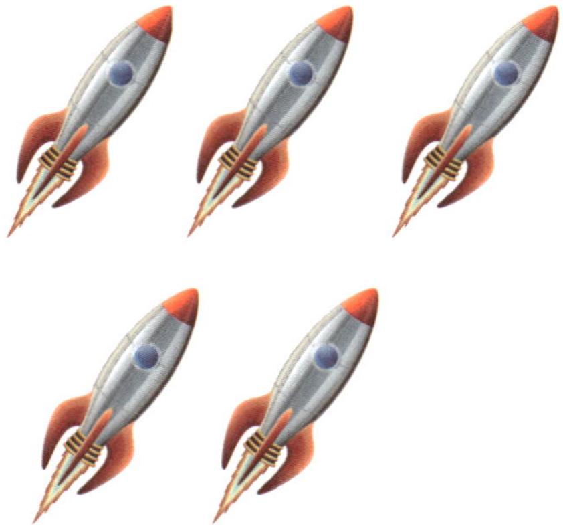

Kreise immer 5 gleiche Symbole ein!

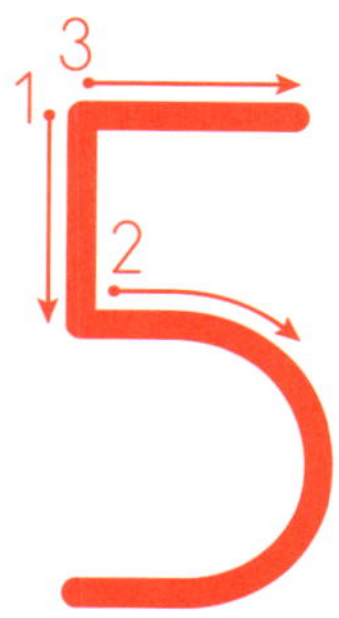

5

5

5

5

5 5 5 5 5 5 5 5 5 5 5 5

5

5 5 5 5 5
5 5 5 5
5 5 5 5
5 5 5
5 5 5
5 5
5 5
5
5 5
5
5

1	2	3	4	5	6	7	8	9	0

6

6 6 6 6 6 6 6 6 6 6 6 6

Finde die Zahl 6 und kreuze sie an.

5	3	2	3	8	6
7	5	4	1	5	8
6	2	3	0	9	5
2	4	5	6	7	1
9	8	2	5	1	8
6	4	2	3	7	5

6

6

6

6

6

6 6 6 6 6 6 6 6 6 6 6 6

6

6 6 6 6 6
6 6 6 6
6 6 6 6
6 6 6
6 6 6
6 6
6 6
6
6 6 6 6 6 6 6 6 6 6 6 6
6 6 6 6 6 6 6 6 6 6 6 6
6

1	2	3	4	5	6	7	8	9	0

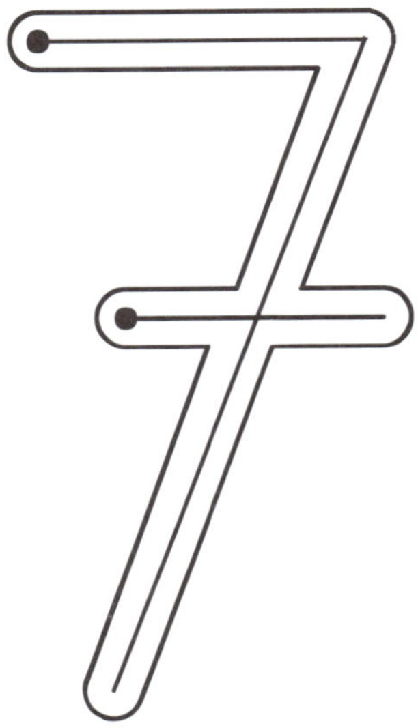

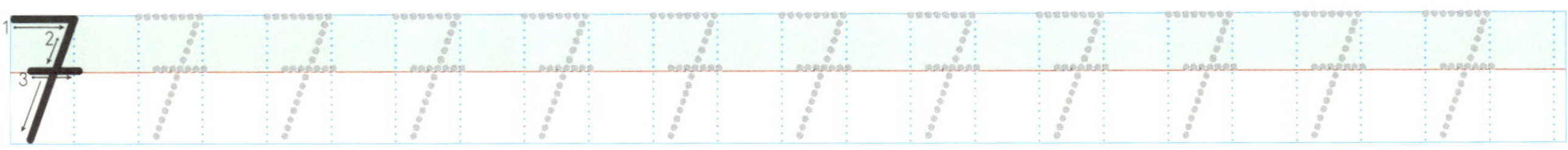

Male 7 Rechtecke rot an.

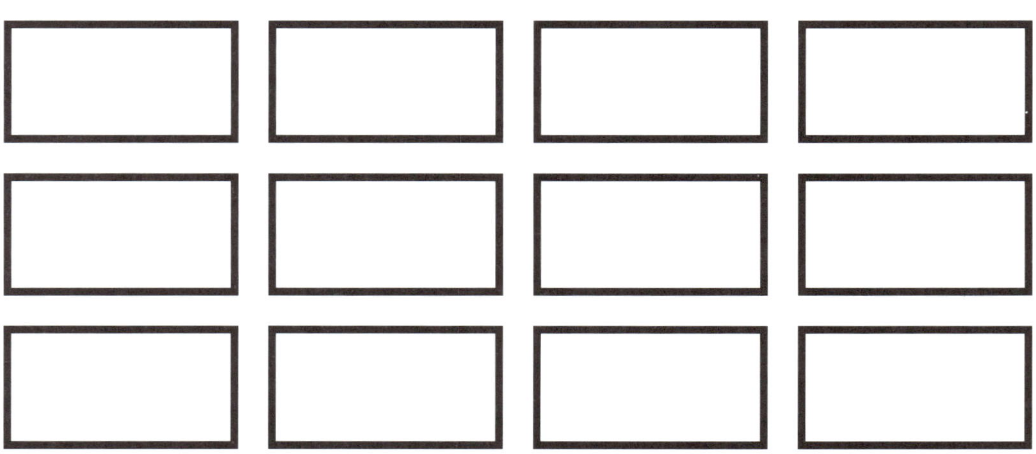

1
2
3

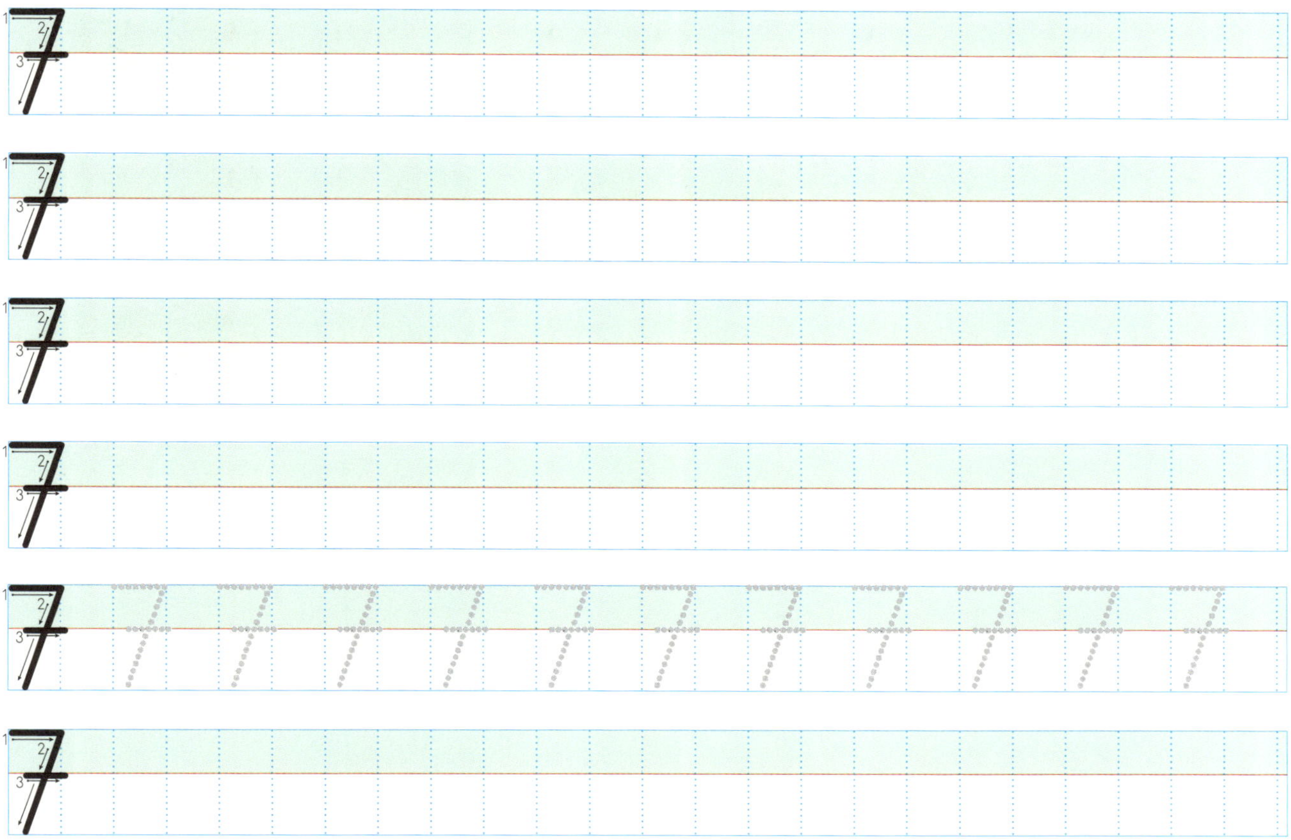

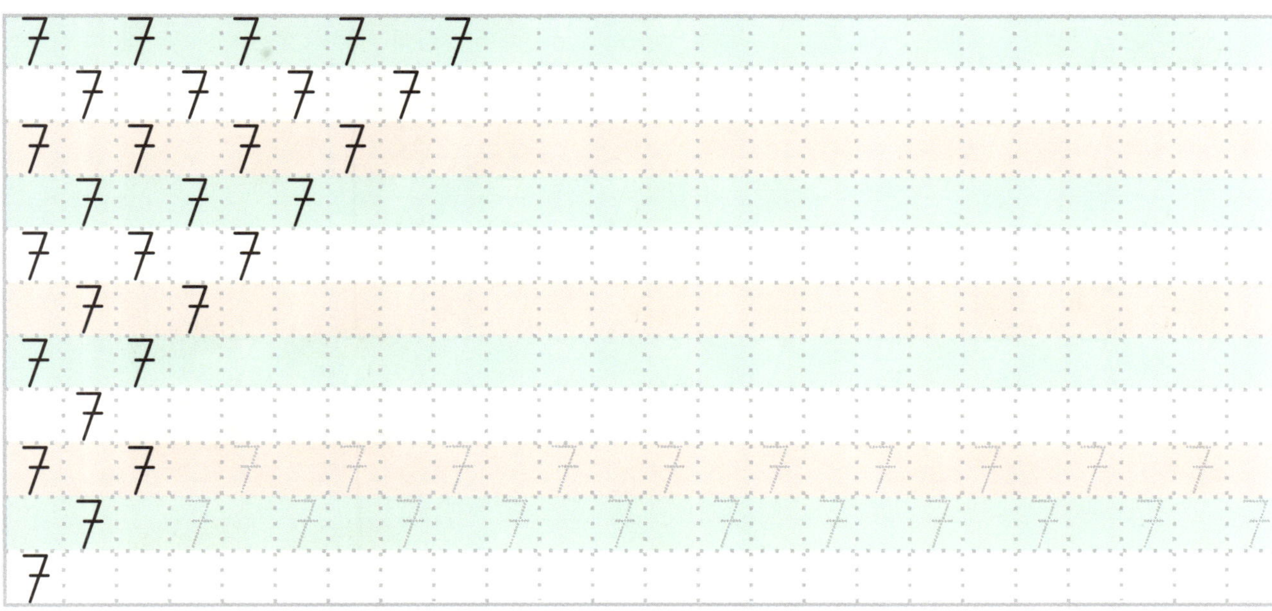

1 2 3 4 5 6 7 8 9 0

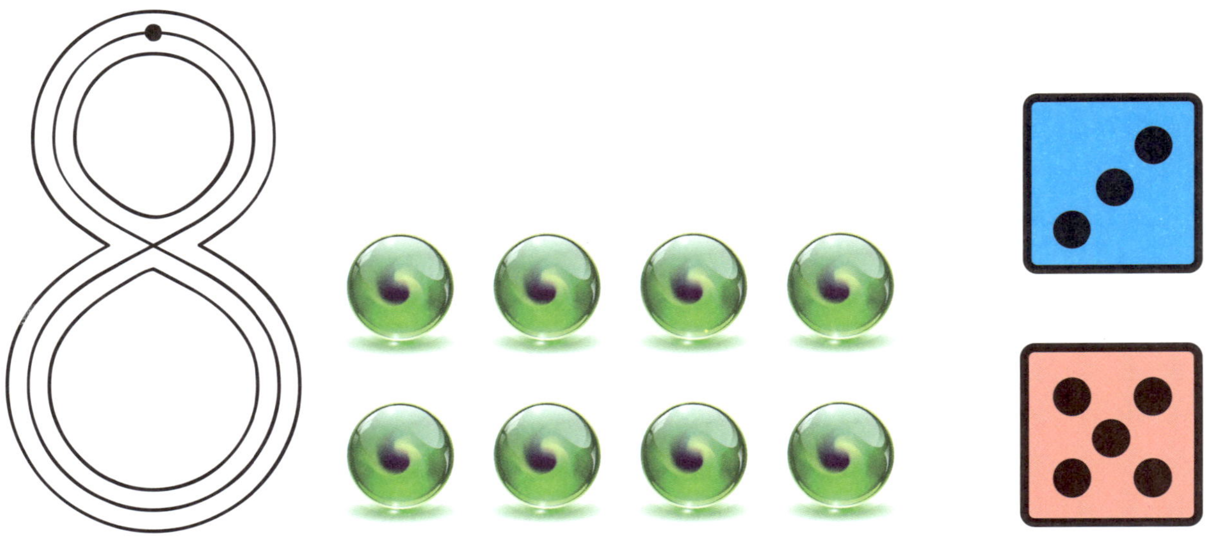

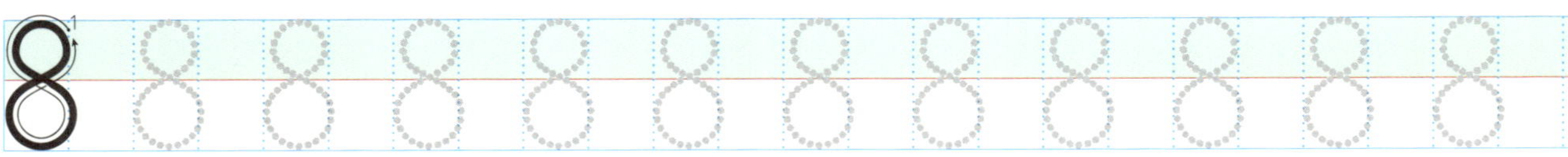

Kreise immer 8 gleiche Symbole ein!

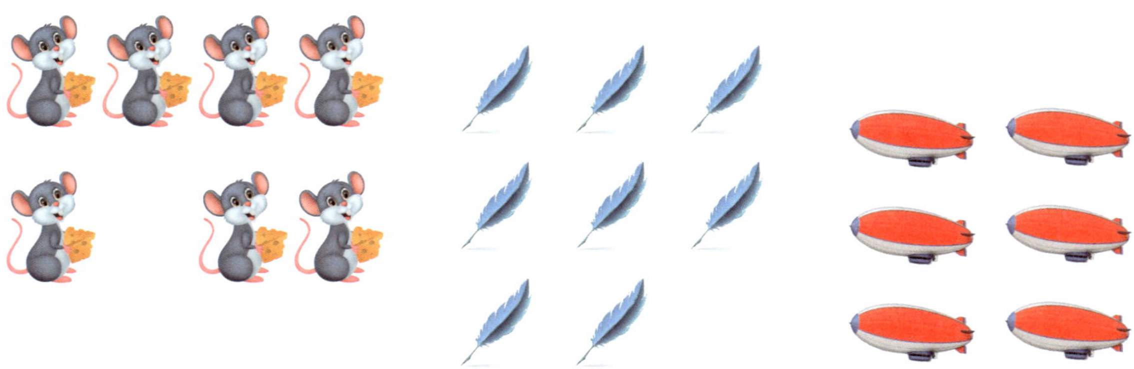

8

1	2	3	4	5	6	7	8	9	0

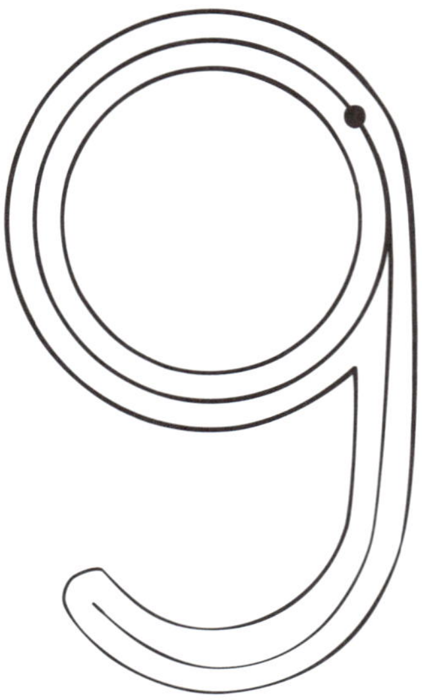

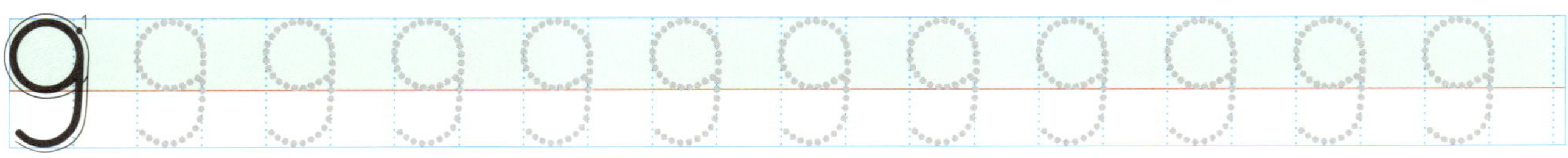

Male 9 Blumen an.

9

9

9

9

9

9 9 9 9 9 9 9 9 9 9 9 9

9

9 9 9 9 9
9 9 9 9
9 9 9 9
9 9 9
9 9 9
9 9
9 9
9
9 9 9 9 9 9 9 9 9 9 9 9
9 9 9 9 9 9 9 9 9 9 9 9
9

1	2	3	4	5	6	7	8	9	10

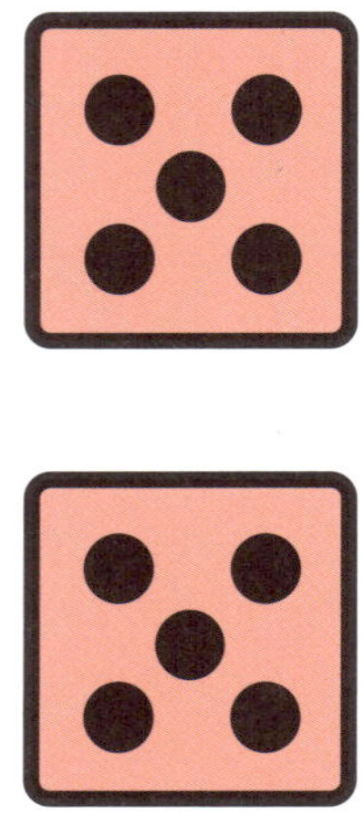

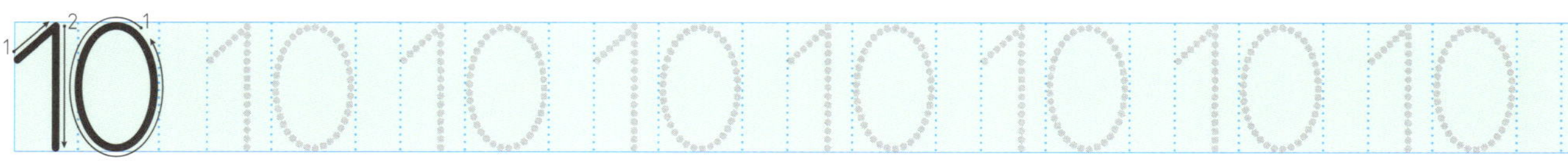

Welche Würfel zeigen zusammen 10 Punkte? Kreuze an.

10

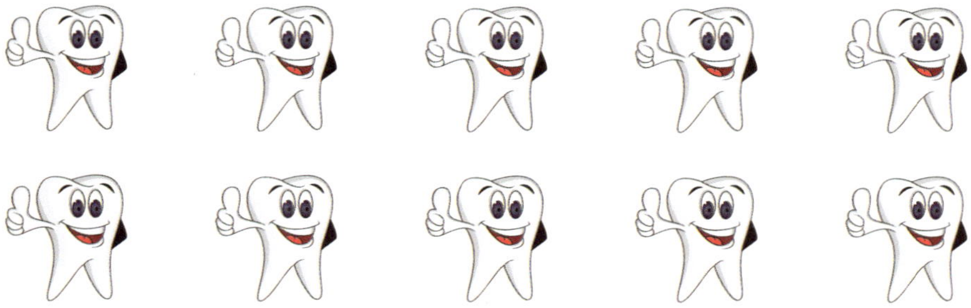

10

10

10

10

10 10 10 10 10 10 10 10

10

10 10 10 10
10 10 10
10 10 10
10 10
10 10
10
10 10
10
10 10 10 10 10 10 10
10 10 10 10 10 10
10 10 10 10 10 10

Zahlenstrahl bis 10

Der Zahlenstrahl bis 10

0	1	2	3	4	5	6	7	8	9	10

Ergänze!

4		6	

	8		6

7			10

	4		2

3			6

			8

Finde die fehlende Zahl!

1	2		4
6		8	9
	4	5	6

8	7		5
5		3	2
	8	7	6

Wie viele Punkte sind es? Schreibe auf.

Addition
(Plus-Aufgaben)

Rechnen im Zahlenraum bis 10

Zähle zusammen und schreibe die Zahl in das Kästchen.

Zähle!	Addiere dazu!	Ergebnis!

Ergänze die Zahlen und finde das Ergebnis.

3 + 2 = 5

……… + ……… = ………

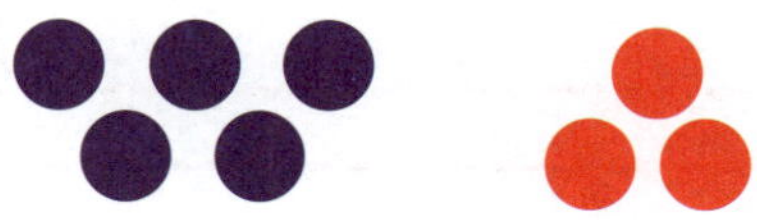

……… + ……… = ………

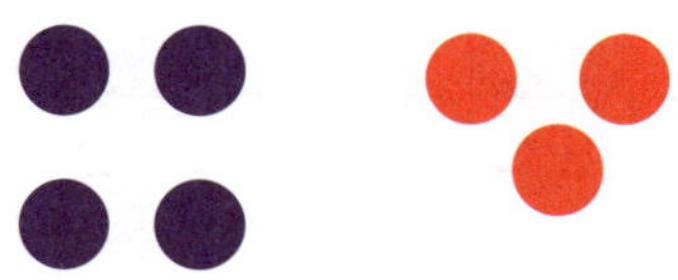

……… + ……… = ………

……… + ……… = ………

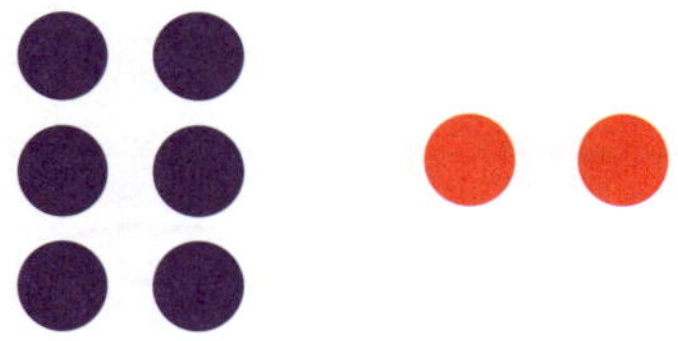

……… + ……… = ………

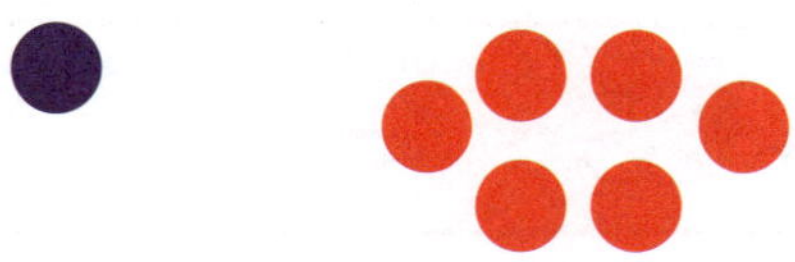

……… + ……… = ………

……… + ……… = ………

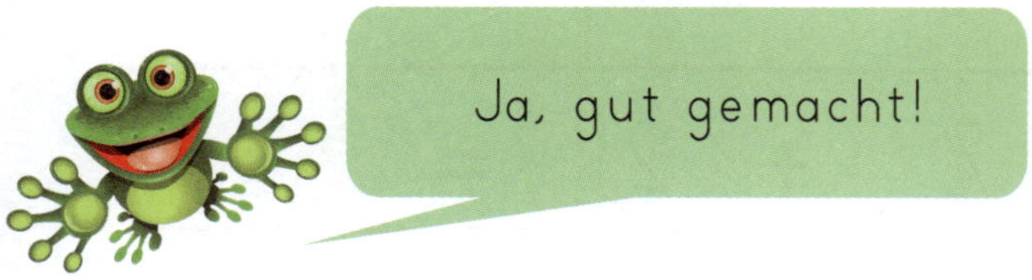

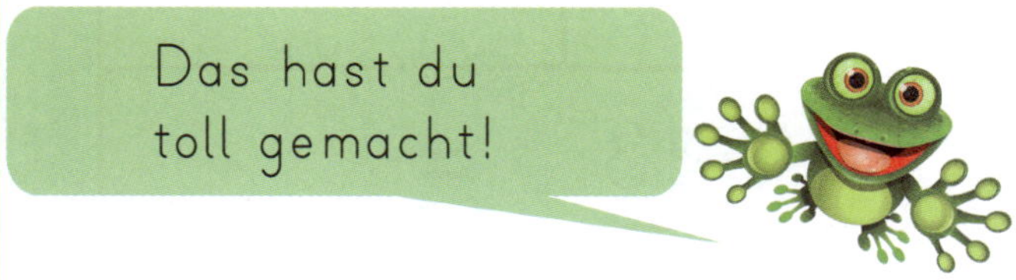

Addition

Male die fehlenden Kästchen und finde das Ergebnis.

3 + 2 = 5

6 + 1 = ……

2 + 7 = ……

4 + 3 = ……

5 + 3 = ……

1 + 5 = ……

3 + 3 = ……

7 + 2 = ……

Finde das Ergebnis.

4 + 1 = 5

2 + 2 = ...

3 + 4 = ...

8 + 1 = ...

1 + 6 = ...

5 + 3 = ...

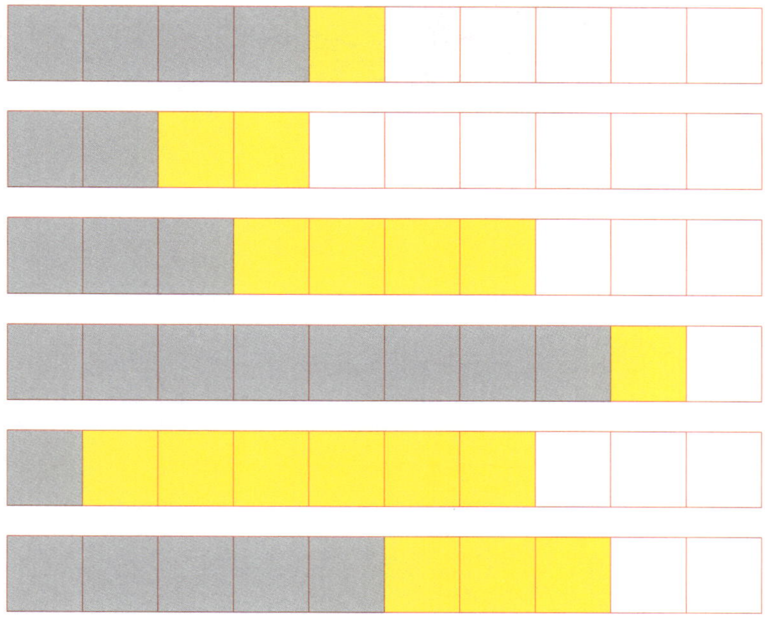

5 + 1 = ...

3 + 6 = ...

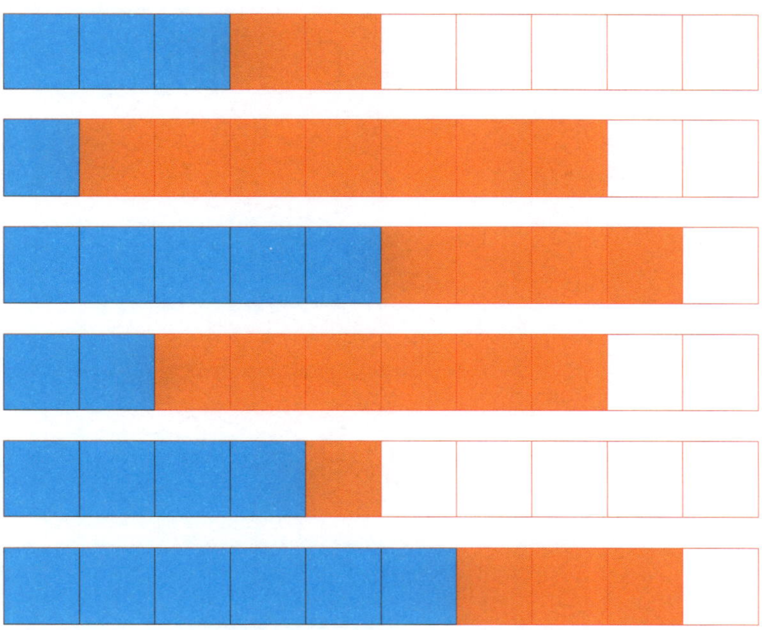

3 + 2 = ...

1 + 7 = ...

5 + 4 = ...

2 + 6 = ...

4 + 1 = ...

6 + 3 = ...

Super!

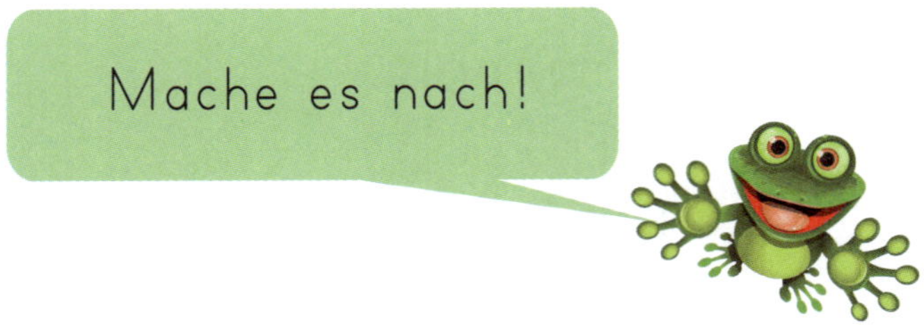

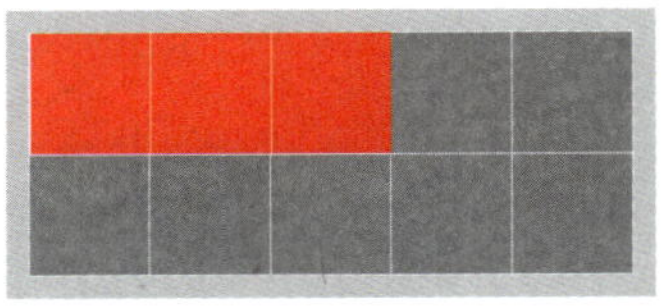

3 + 7 = 10

1 + 9 = 10

2 + 8 = 10

7 + 3 = 10

4 + 6 = 10

6 + 4 = 10

5 + 5 = 10

8 + 2 = 10

9 + 1 = 10

4 + 6 = 10

___ + ___ = 10

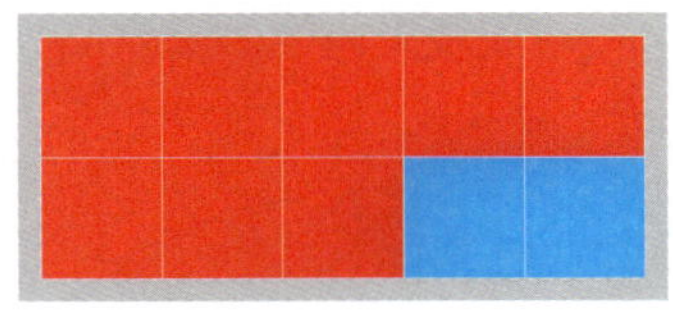

___ + ___ = 10

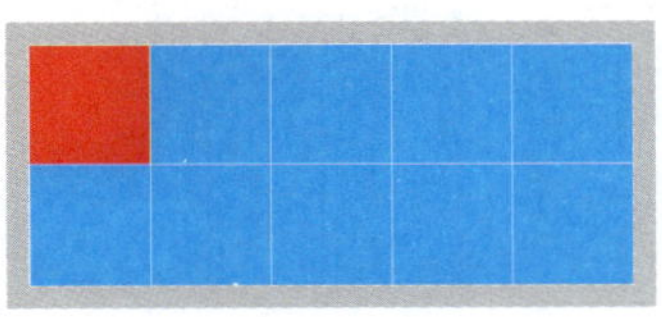

___ + ___ = 10

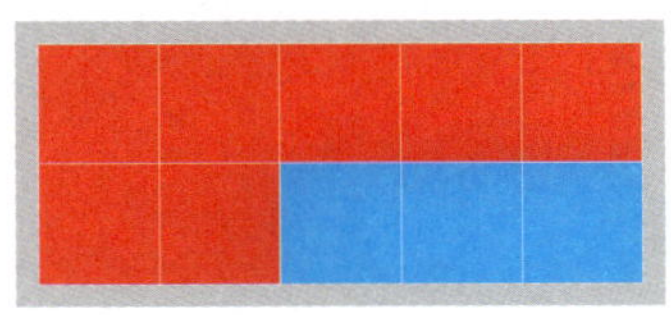

___ + ___ = 10

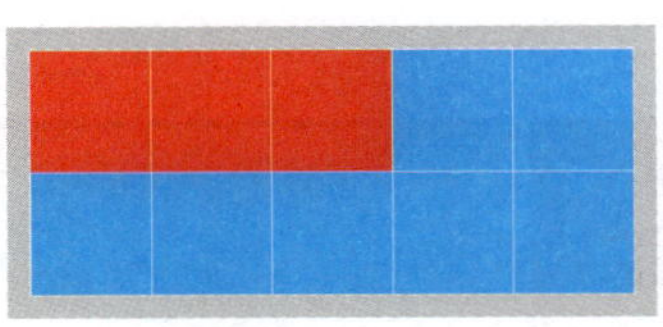

___ + ___ = 10

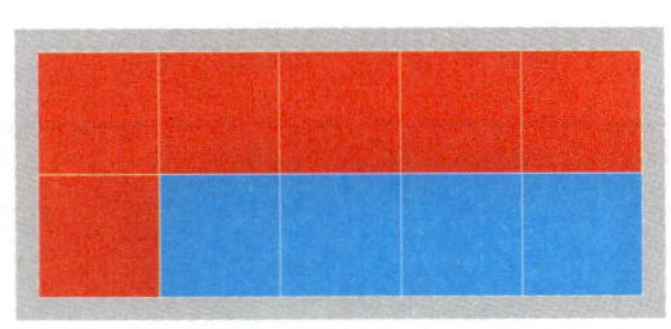

___ + ___ = 10

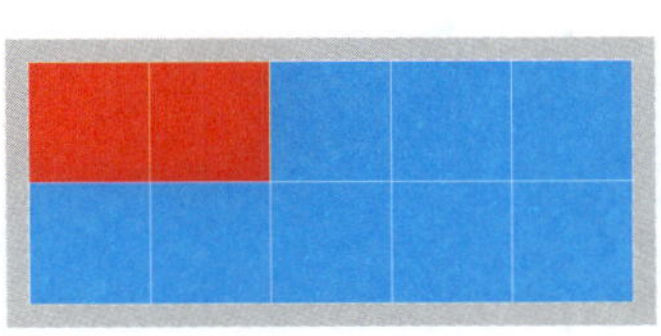

___ + ___ = 10

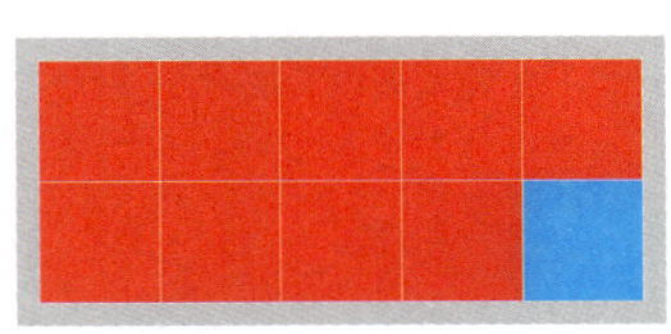

___ + ___ = 10

Addiere und schreibe die Ergebnisse in die Kästchen!

+	2	5	3
3	5	8	
5			
2			

+	1	3	4
6			
3			
0			

+	3	5	7
2			
0			
1			

+	6	3	7
1			
3			
2			

+	2	5	1
4			
5			
3			

+	1	3	4
6			
5			
4			

Ergänze die fehlenden Zahlen.

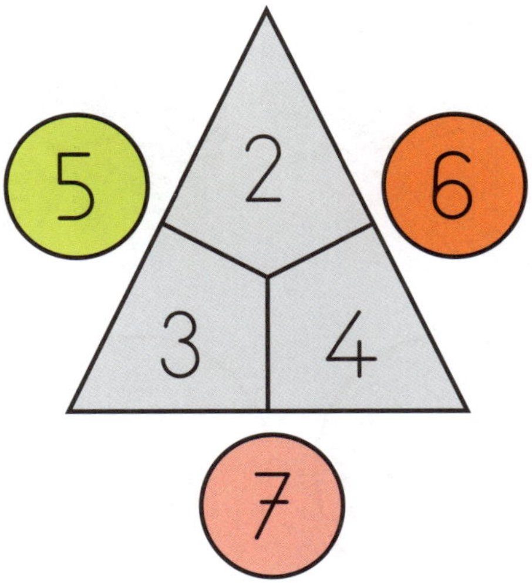

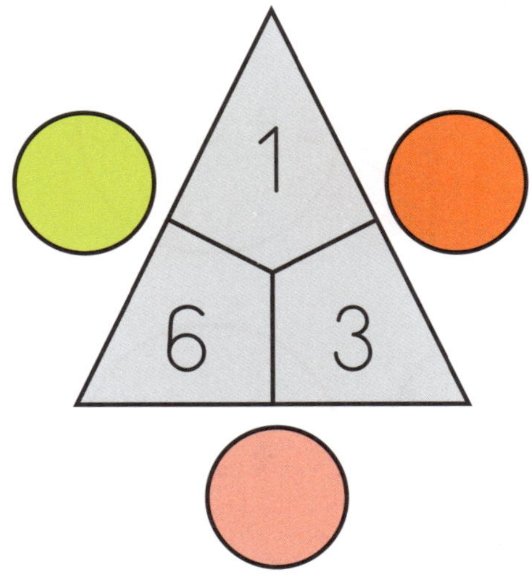

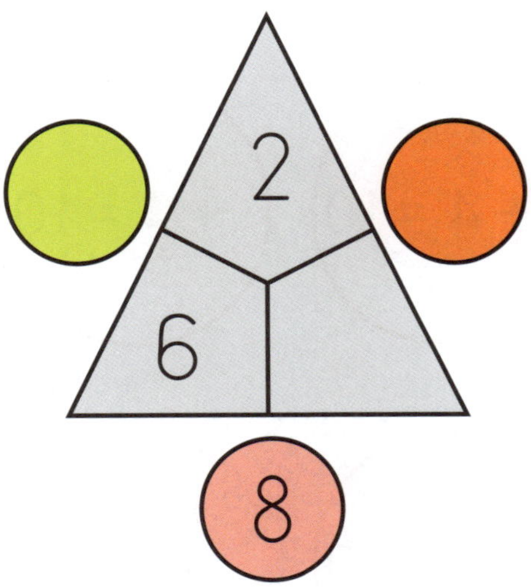

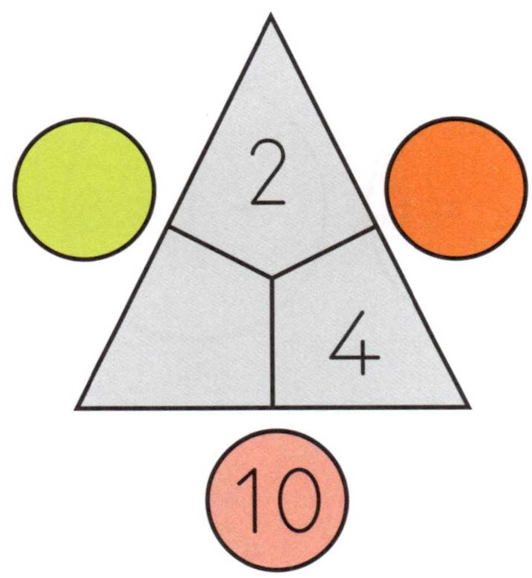

Ergänze die fehlenden Zahlen.

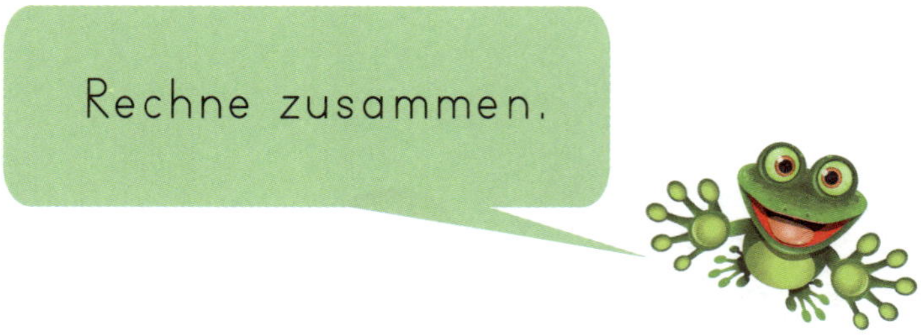

3 + 5 = 8

+ 4 = 5	+ 2 = 5	+ 6 = 8	+ 4 = 7	+ 2 = 7
+ 2 = 6	+ 1 = 8	+ 1 = 9	+ 4 =10	+ 1 =10
+ 6 = 7	+ 5 = 8	+ 3 = 9	+ 2 =10	+ 1 = 8
+ 7 = 9	+ 3 = 6	+ 3 =10	+ 1 = 7	+ 4 = 8
+ 1 = 5	+ 1 = 4	+ 6 = 8	+ 2 = 9	+ 8 = 9

Rechne zusammen.

3 + 5 = 8

1 + 4 =	3 + 2 =	2 + 6 =	3 + 4 =	5 + 2 =
4 + 2 =	7 + 1 =	8 + 1 =	6 + 4 =	9 + 1 =
1 + 6 =	3 + 5 =	6 + 3 =	8 + 2 =	7 + 1 =
2 + 7 =	3 + 3 =	7 + 3 =	6 + 1 =	4 + 4 =
4 + 1 =	3 + 1 =	2 + 6 =	7 + 2 =	1 + 8 =

Rechne zusammen.

3 + 5 = 8

1 + = 5	3 + = 5	2 + = 8	3 + = 7	5 + = 7
4 + = 6	7 + = 8	8 + = 9	6 + =10	9 + =10
1 + = 7	3 + = 8	6 + = 9	8 + =10	7 + = 8
2 + = 9	3 + = 6	7 + =10	6 + = 7	4 + = 8
4 + = 5	3 + = 4	2 + = 8	7 + = 9	1 + = 9

Subtraktion (Minus-Aufgaben)

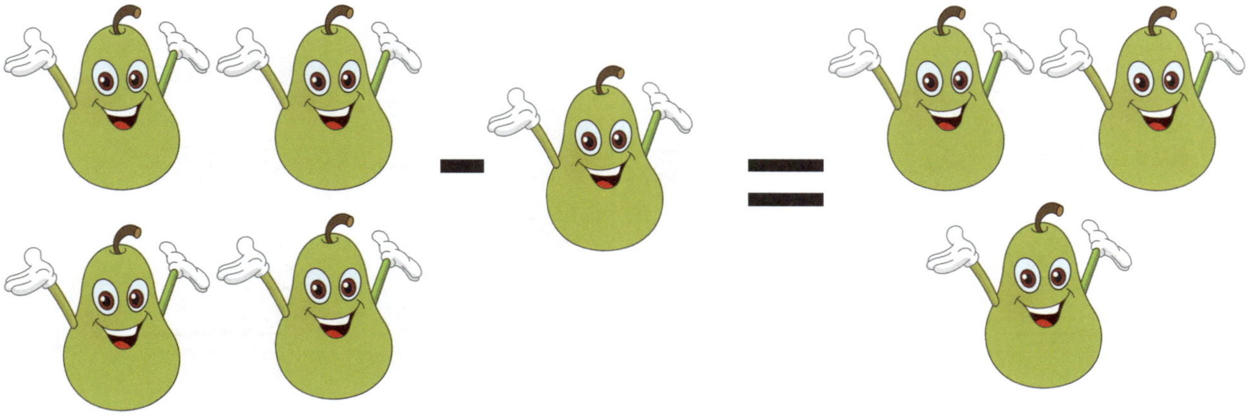

Rechnen im Zahlenraum bis 10

Zähle! | Ziehe ab! | Ergebnis!

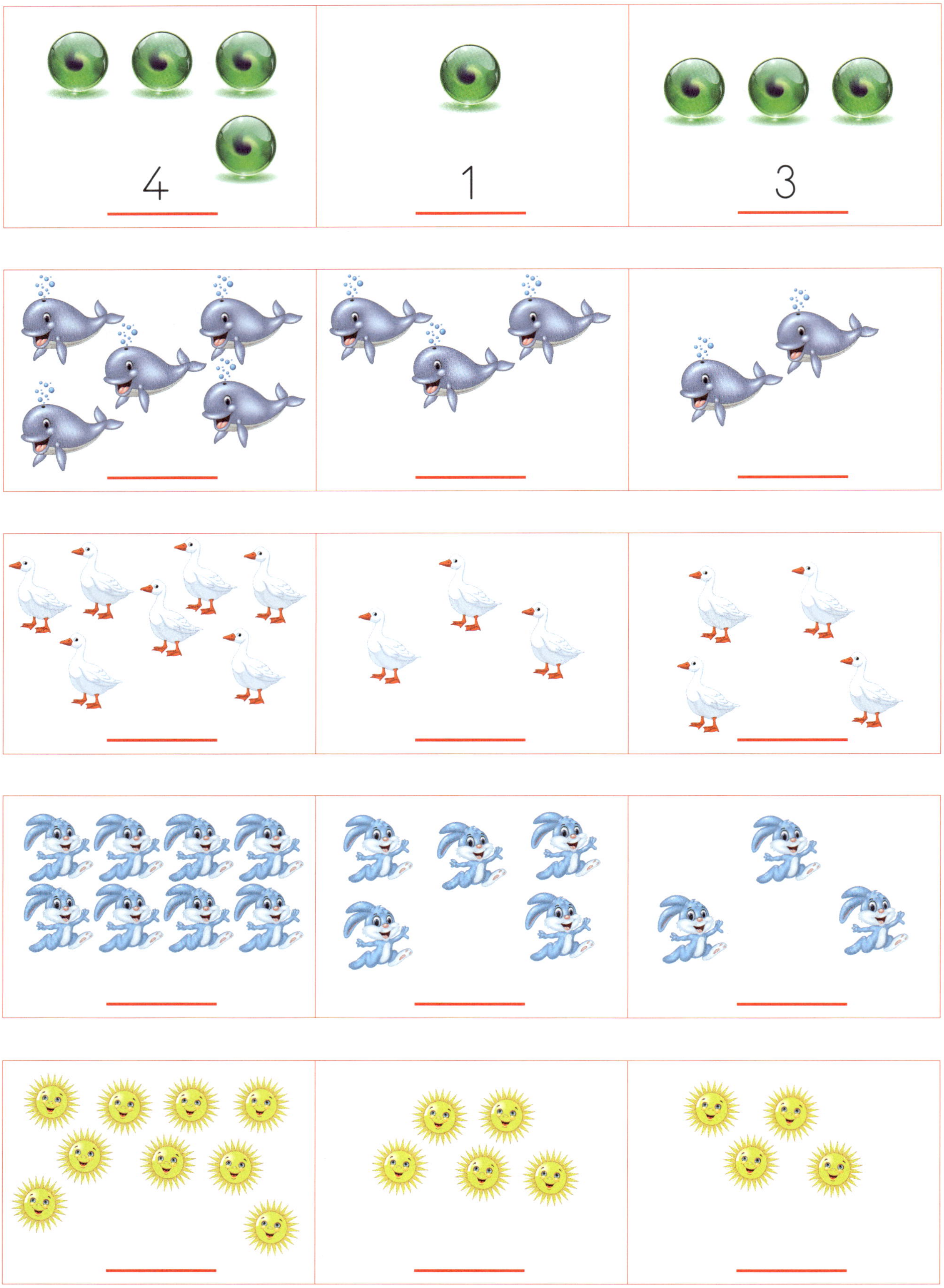

Minus-Aufgaben

Ergänze die Zahlen und finde das Ergebnis.

4 - 2 = 2

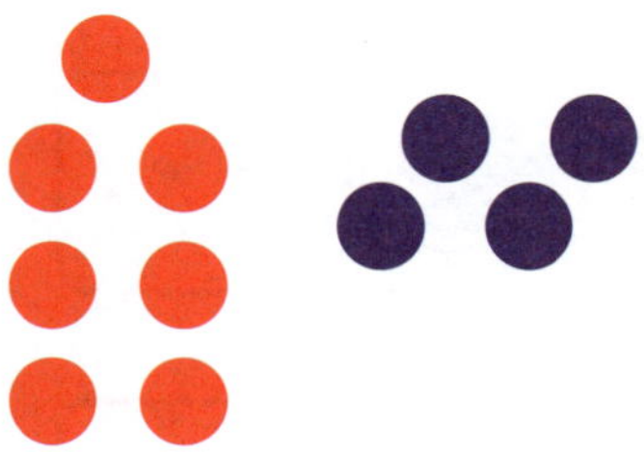

____ - ____ = ____

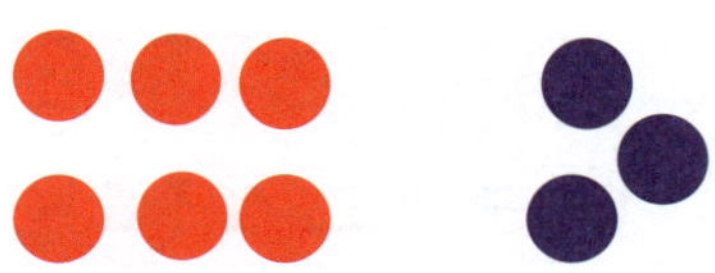

____ - ____ = ____

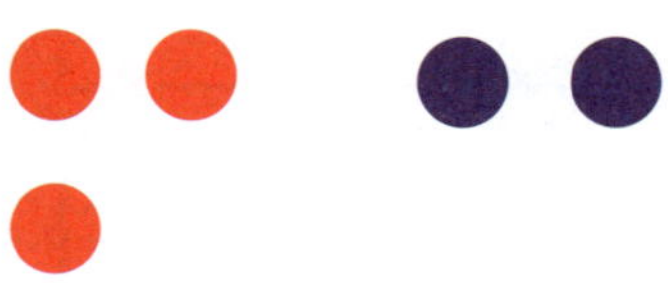

____ - ____ = ____

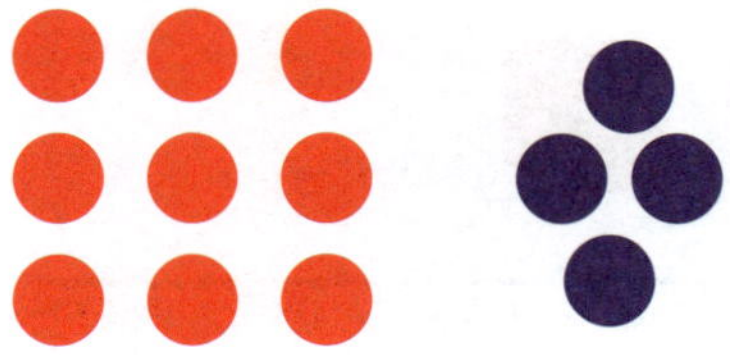

____ - ____ = ____

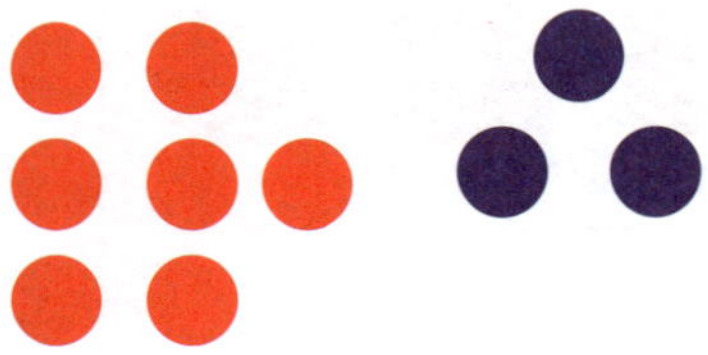

____ - ____ = ____

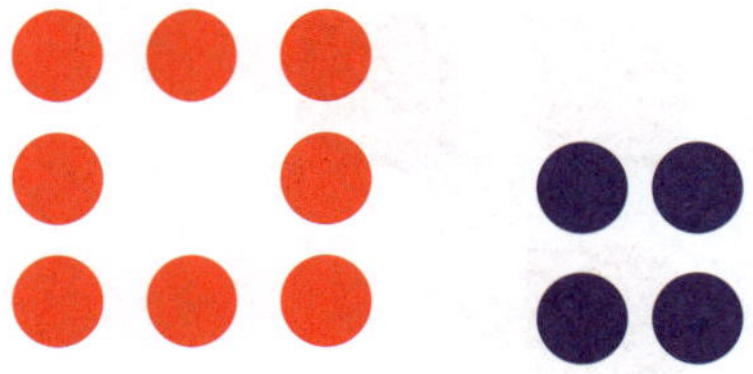

____ - ____ = ____

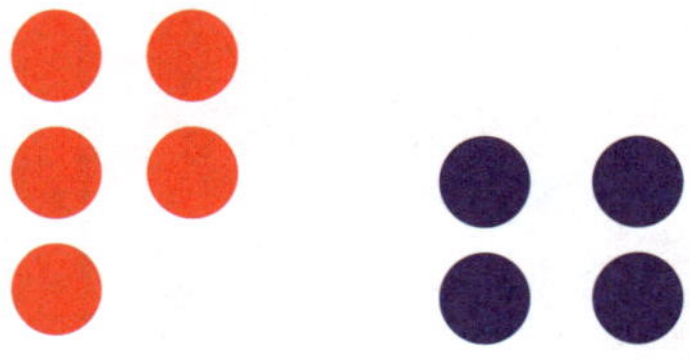

____ - ____ = ____

Folge dem Beispiel!

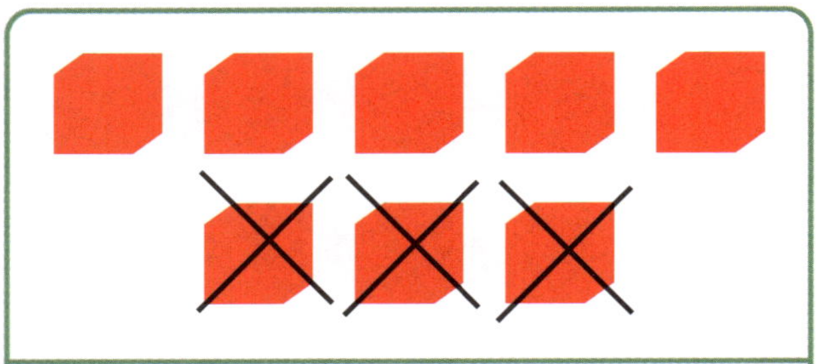

$8 - 3 = 5$

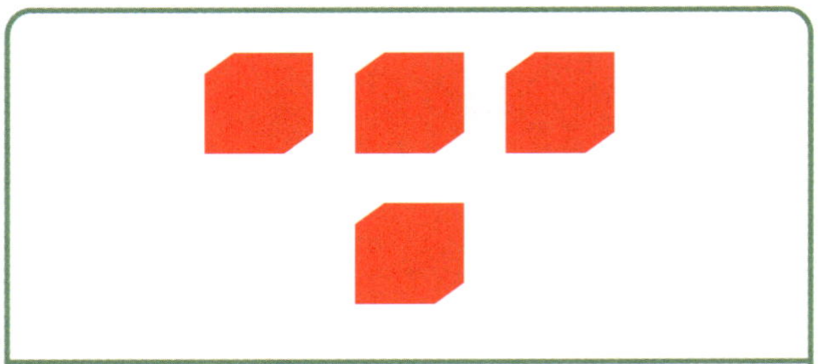

$4 - 1 =$ ______

$6 - 2 =$ ______

$7 - 4 =$ ______

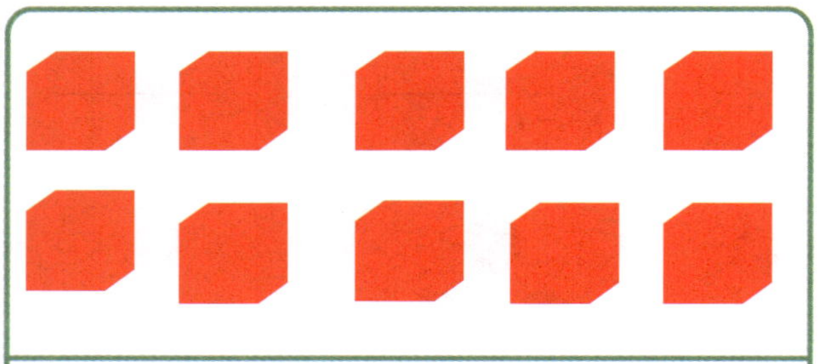

$10 - 3 =$ ______

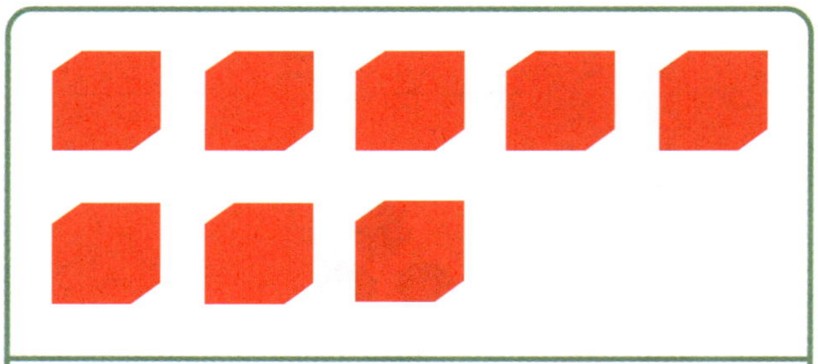

$8 - 5 =$ ______

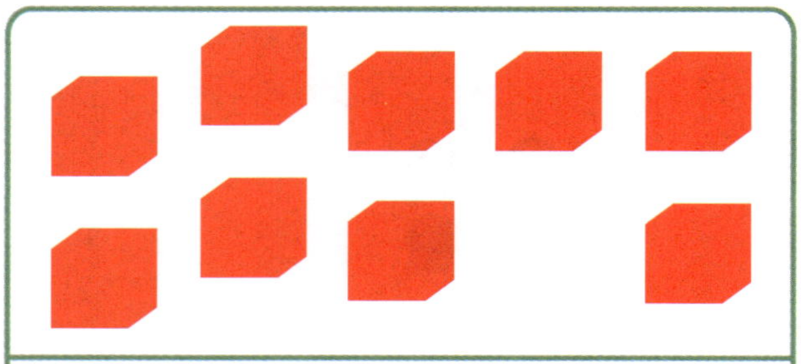

$9 - 6 =$ ______

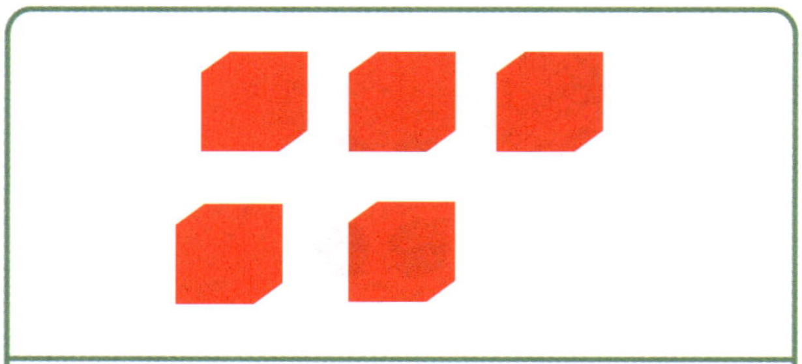

$5 - 4 =$ ______

Schreibe die Aufgabe!

5 – 2 = 3

___ – ___ = ___

___ – ___ = ___

___ – ___ = ___

___ – ___ = ___

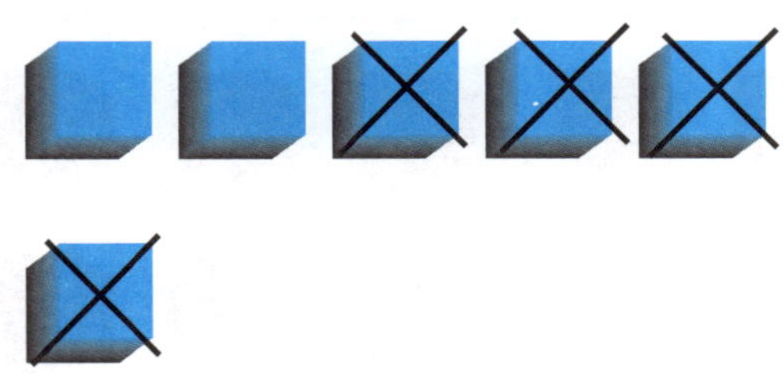

___ – ___ = ___

___ – ___ = ___

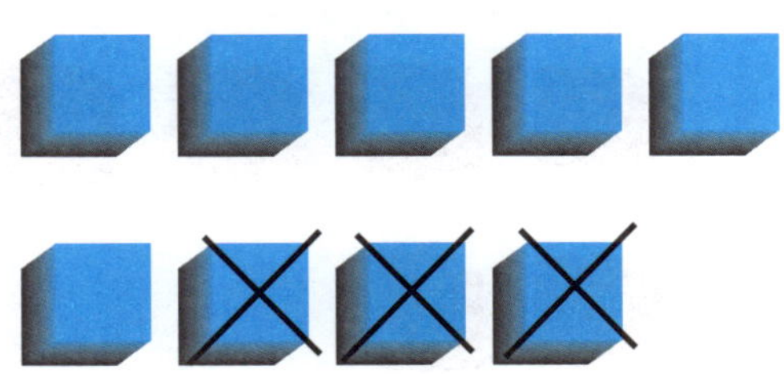

___ – ___ = ___

Ziehst du von einer Zahl die Zahl 0 ab,
so ändert sich die Zahl nicht.

4 – 0 = 4

3 – 3 = 0

___ – ___ = ___

___ – ___ = ___

___ – ___ = ___

___ – ___ = ___

___ – ___ = ___

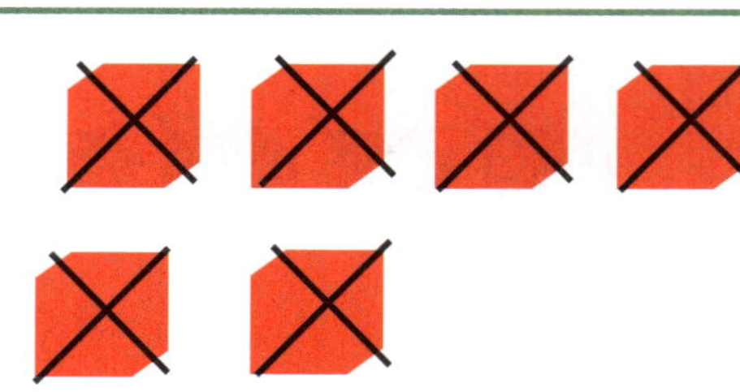

___ – ___ = ___

Rechne die Minus-Aufgaben.

8 - 5 = 3

3 - 1 =	6 - 2 =	9 - 6 =	5 - 3 =	8 - 4 =
2 - 1 =	4 - 3 =	1 - 1 =	7 - 5 =	3 - 2 =
9 - 8 =	6 - 5 =	5 - 3 =	8 - 7 =	3 - 3 =
9 - 1 =	8 - 0 =	4 - 1 =	6 - 1 =	4 - 4 =
7 - 1 =	6 - 3 =	5 - 4 =	9 - 4 =	6 - 4 =
4 - 3 =	9 - 7 =	6 - 4 =	8 - 2 =	7 - 0 =

Finde die fehlende Zahl.

6 - 2 = 4

3 - = 1	7 - = 2	3 - = 2	5 - = 3	8 - = 4
2 - = 1	4 - = 3	1 - = 1	7 - = 5	3 - = 2
9 - = 6	6 - = 5	5 - = 3	8 - = 7	3 - = 3
9 - = 1	8 - = 0	4 - = 1	6 - = 1	4 - = 4
7 - = 1	6 - = 3	5 - = 4	9 - = 4	6 - = 4
4 - = 3	9 - = 7	6 - = 4	8 - = 2	7 - = 0

Finde die fehlende Zahl.

8 - 4 = 4

- 5 = 1	- 8 = 2	- 5 = 2	- 2 = 3	- 4 = 4
- 1 = 1	- 1 = 3	- 0 = 1	- 2 = 5	- 1 = 2
- 3 = 6	- 1 = 5	- 2 = 3	- 1 = 7	- 0 = 3
- 8 = 1	- 8 = 0	- 3 = 1	- 5 = 1	- 0 = 4
- 6 = 1	- 3 = 3	- 1 = 4	- 5 = 4	- 2 = 4
- 1 = 3	- 2 = 7	- 2 = 4	- 6 = 2	- 7 = 0

Kennst du das Ergebnis?

5 - 4 = 1 

8 - 6 = 

4 - 0 = 

9 - 8 = 

6 - 5 = 

7 - 7 = 

5 - 1 = 

9 - 7 = 

6 - 4 = 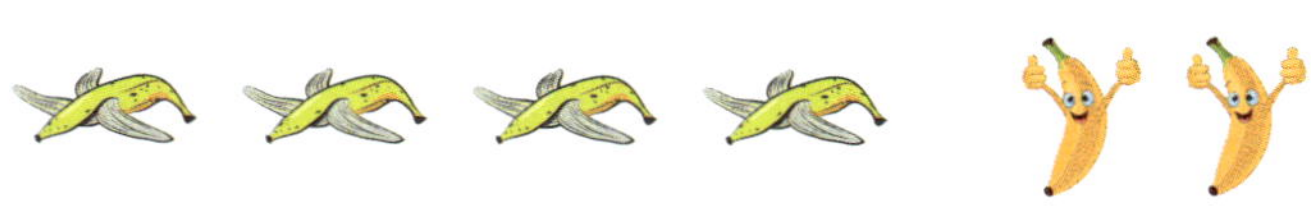

5 - 5 = 

9 - 3 = 

Schreibe die Minus-Aufgaben.

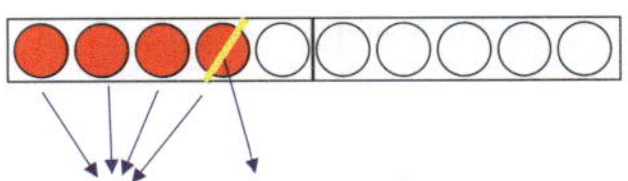

4 - 1 = 3

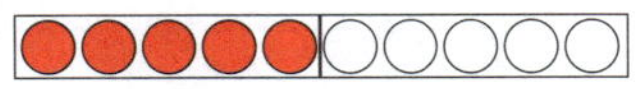

5 - 2 =

3 - 2 =

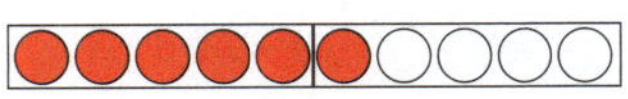

6 - 1 =

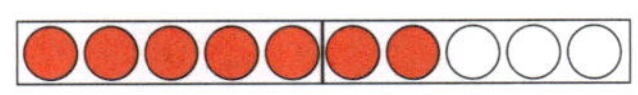

7 - 4 =

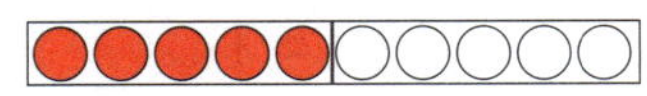

5 - 5 =

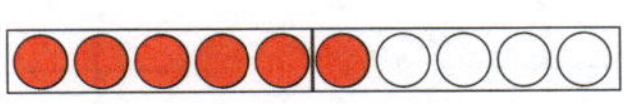

6 - 3 =

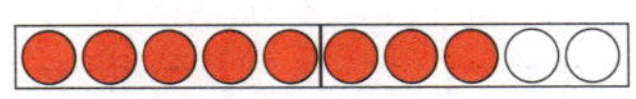

8 - 4 =

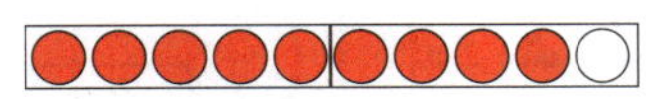

9 - 7 =

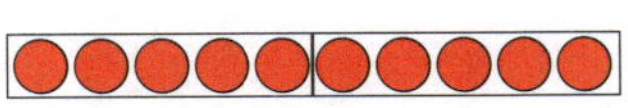

10 - 5 =

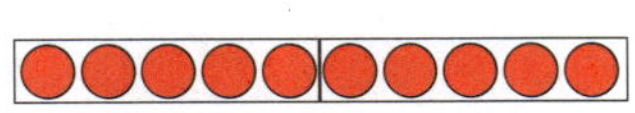

10 - 2 =

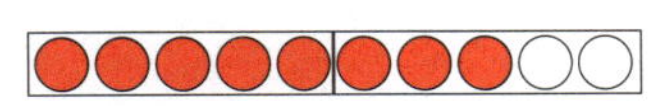

8 - 1 =

Schreibe die Minus-Aufgaben.

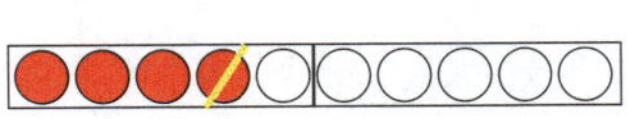

4 - 1 = 3

___ - ___ = ___

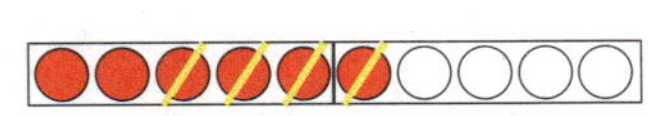

___ - ___ = ___

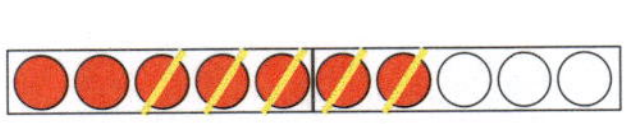

___ - ___ = ___

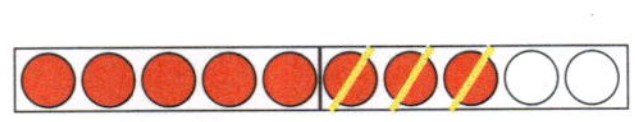

___ - ___ = ___

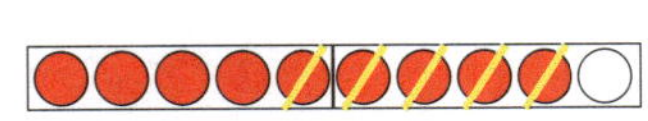

___ - ___ = ___

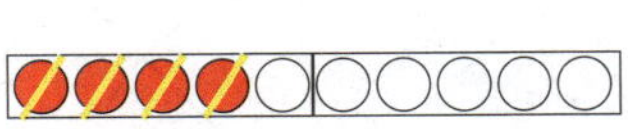

___ - ___ = ___

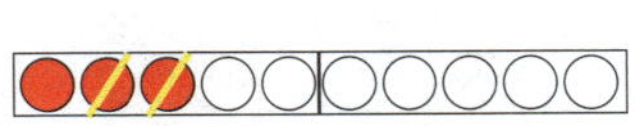

___ - ___ = ___

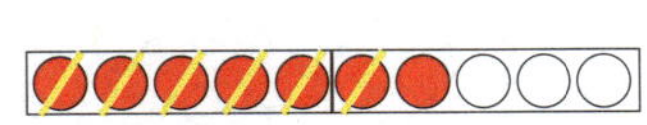

___ - ___ = ___

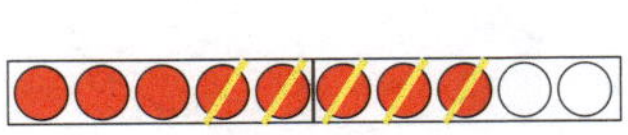

___ - ___ = ___

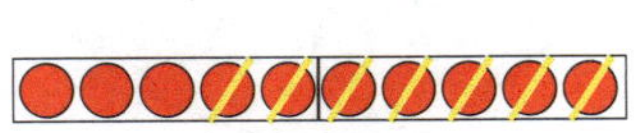

___ - ___ = ___

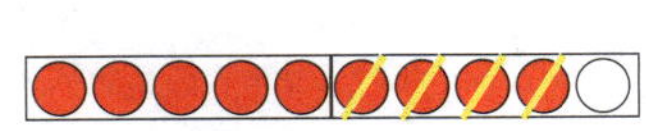

___ - ___ = ___

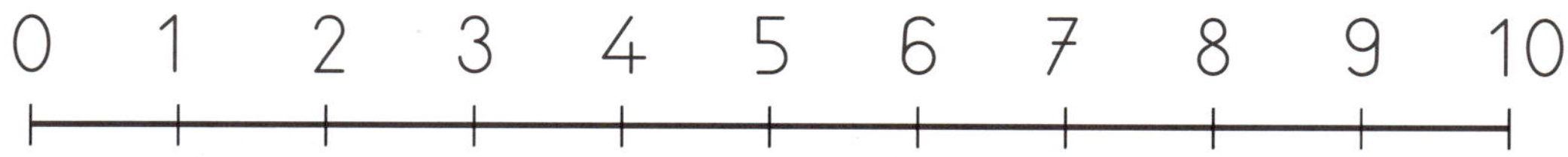

Ergänze das Rad!

9+1=10

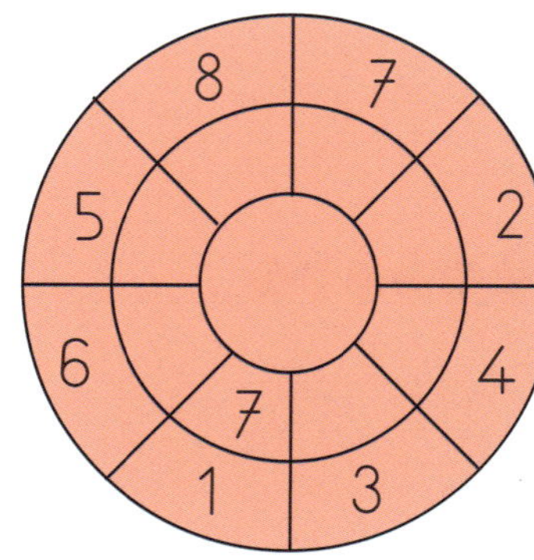

8-6=2

2+4=6

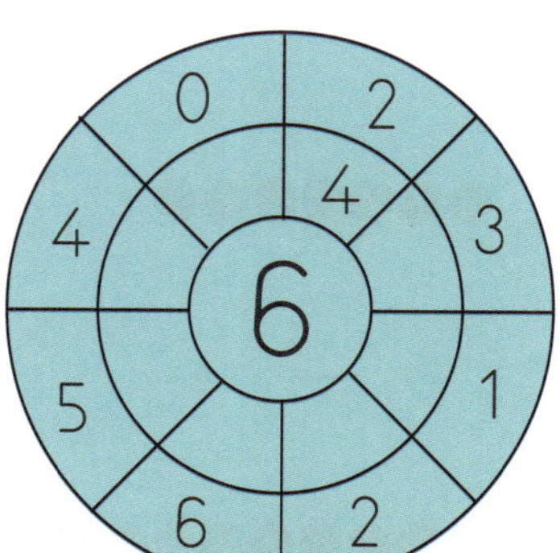

Verdoppeln
&
Halbieren

Im Zahlenraum bis 10

Verdopple. Schreibe die Aufgabe dazu.

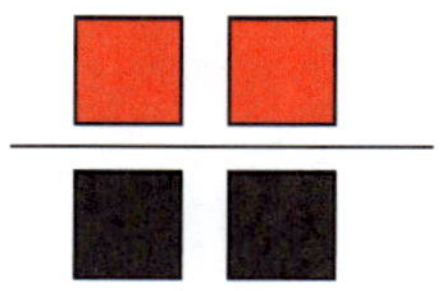

2 + 2 = 4

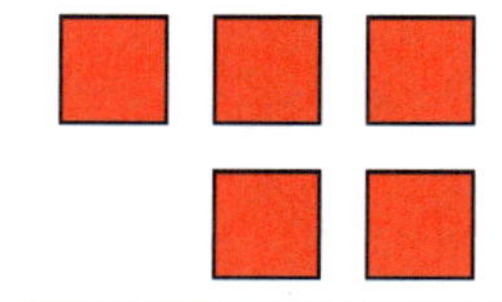

___ + ___ = ___

___ + ___ = ___

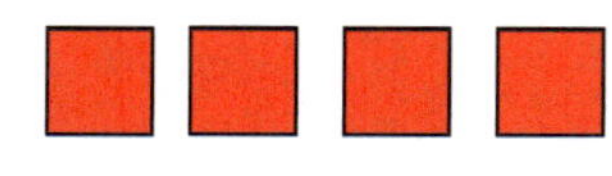

___ + ___ = ___

Verdopple.

1 + 1 = 2

2 + 2 =

3 + 3 =

4 + 4 =

5 + 5 =

Male.

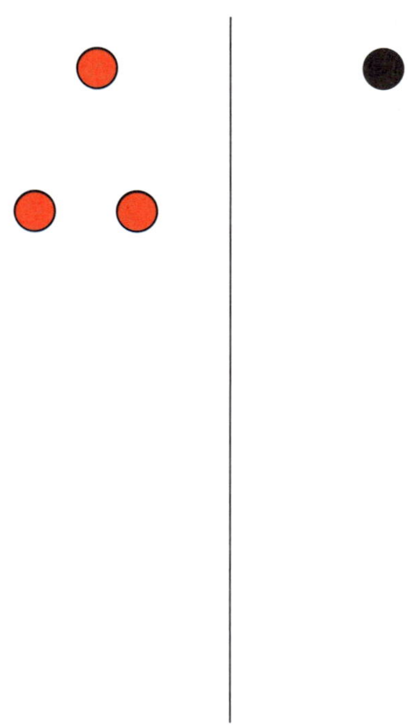

Wie viele Gummibärchen bekommt jedes Kind,
wenn beide gleich viele haben sollen?

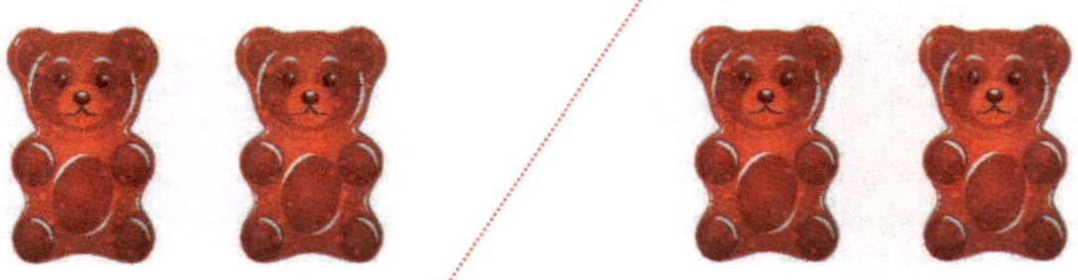

2	2

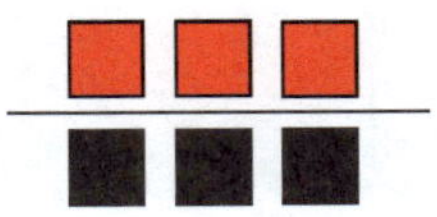 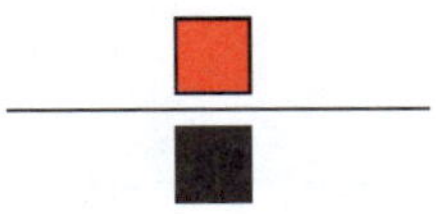 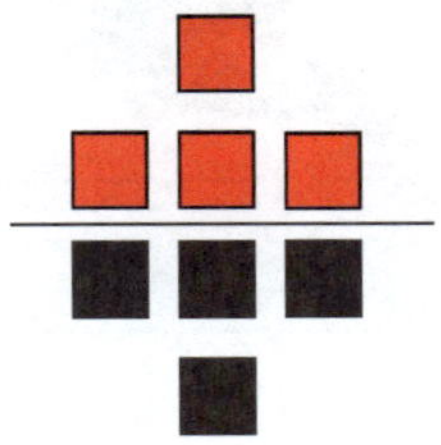 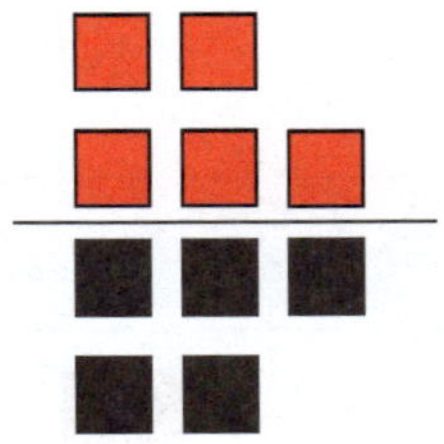 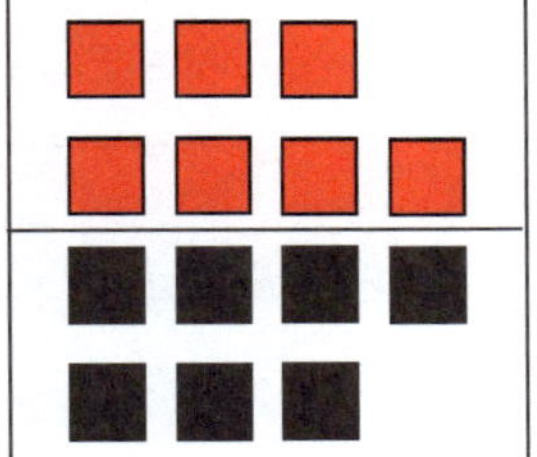

Zahl / Hälfte		Zahl / Hälfte		Zahl / Hälfte		Zahl / Hälfte		Zahl / Hälfte	
6	3								

Größer, kleiner oder gleich?

3 < 5

3 ist kleiner als 5

5 > 3

5 ist größer als 3

2 = 2

2 und 2 sind gleich groß

Größer, kleiner oder gleich? Entscheide.

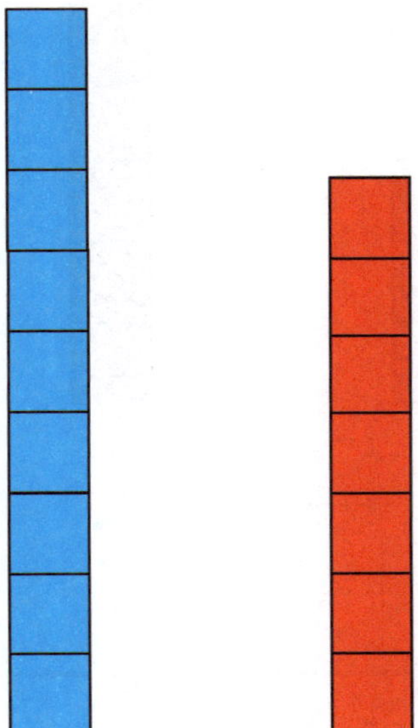

9 > 7

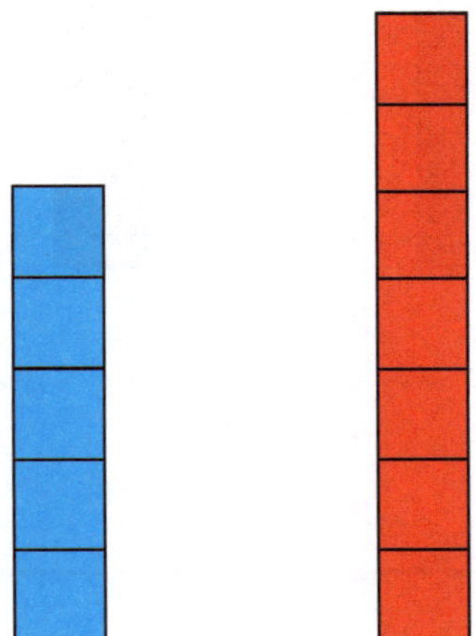

5 □ 7

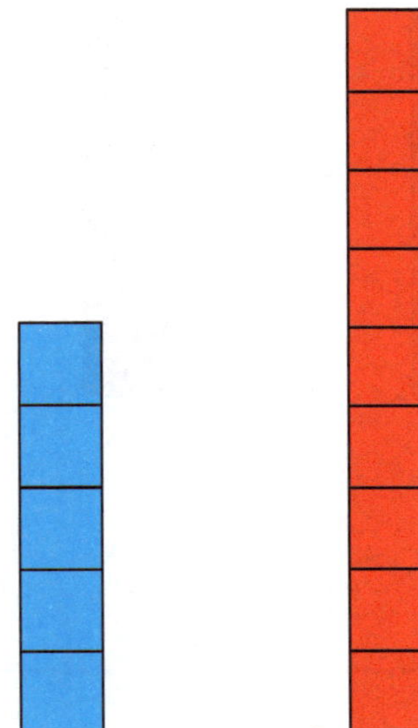

5 □ 9

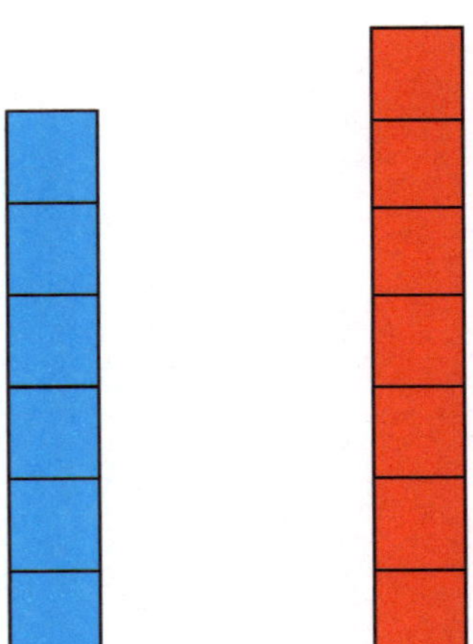

6 □ 7

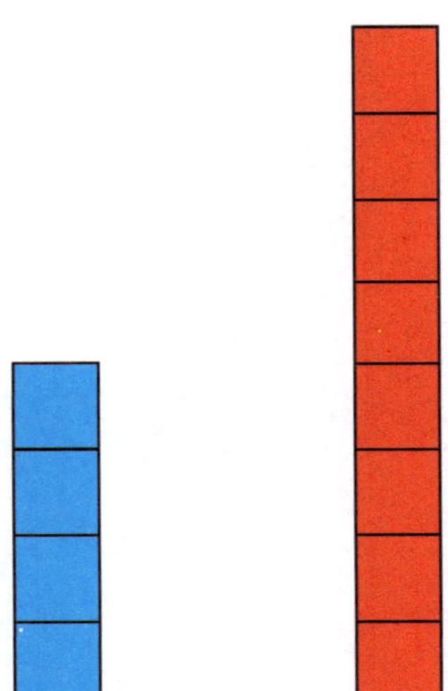

4 □ 8

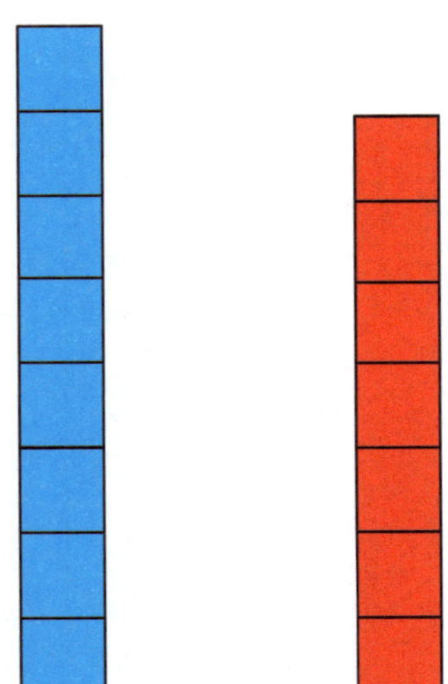

8 □ 7

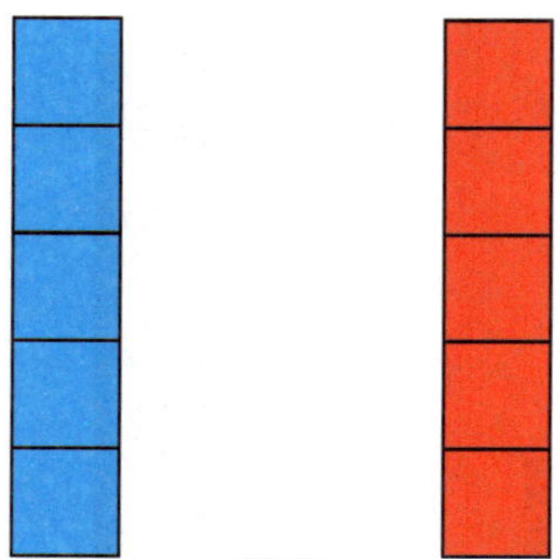

□

____ ____

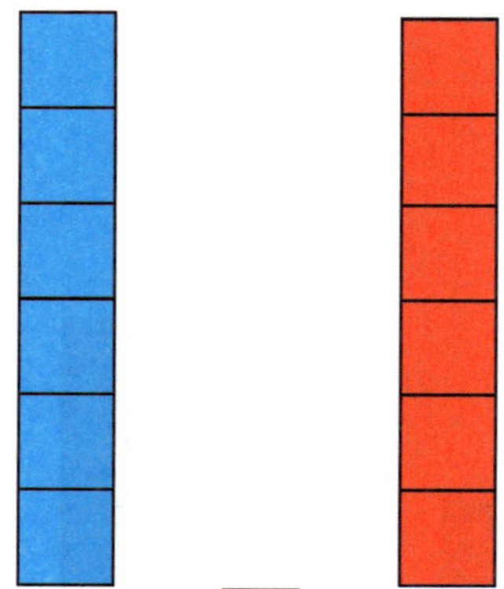

□

____ ____

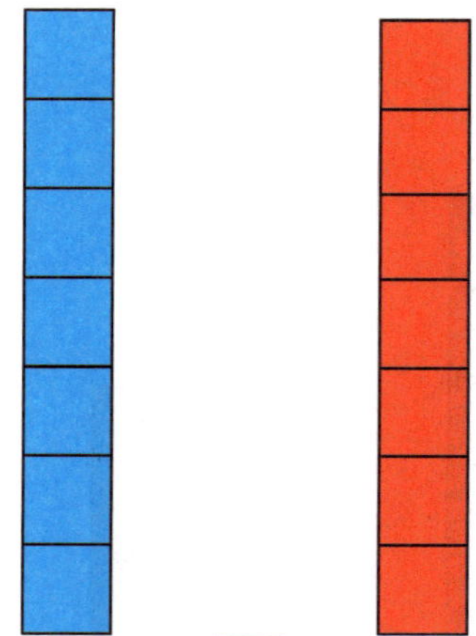

□

____ ____

Größer, kleiner oder gleich?

Kleiner

1 < 2

Gleich

2 = 2

Größer

2 > 1

Setze > = <

3 □ 5	1 □ 4
2 □ 1	3 □ 5
6 □ 8	4 □ 3
8 □ 6	7 □ 2
2 □ 2	6 □ 2
4 □ 7	5 □ 1

Formen

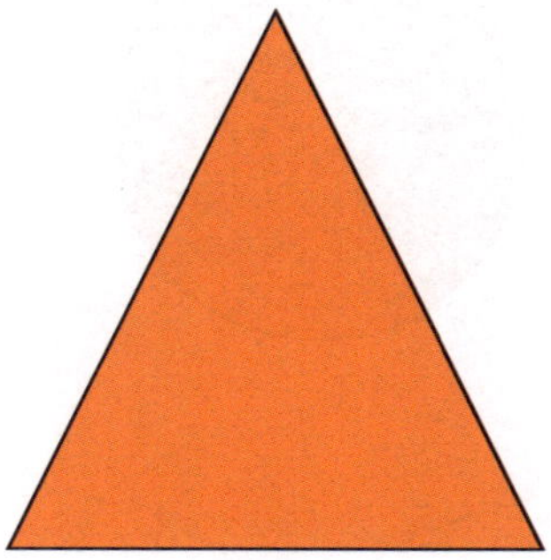

1- Dreieck

Ein Dreieck hat
drei Ecken und drei Seiten.

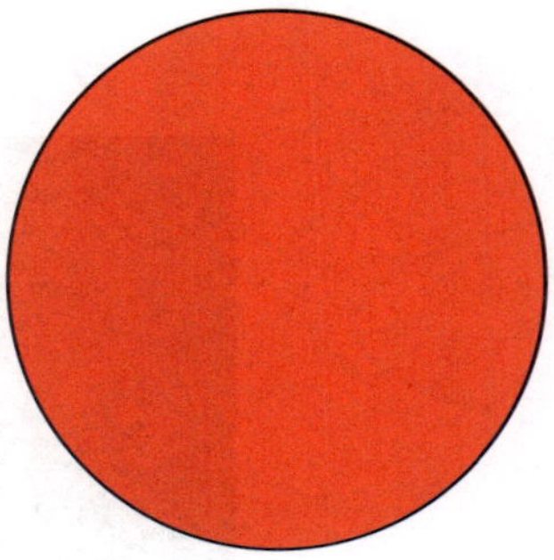

2- Kreis

Ein Kreis ist rund.

3- Quadrat

Alle 4 Seiten sind gleich lang.

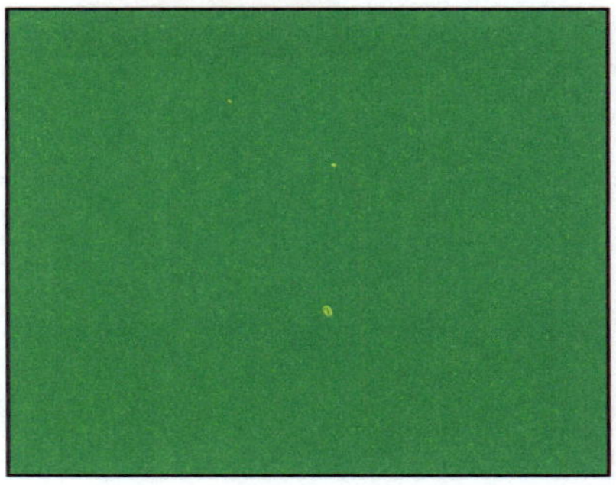

4- Rechteck

Ein Rechteck hat ebenfalls 4 Seiten. Die gegenüberliegenden Seiten sind dabei jeweils gleich lang.

Wie heißen die Formen?
Verbinde.

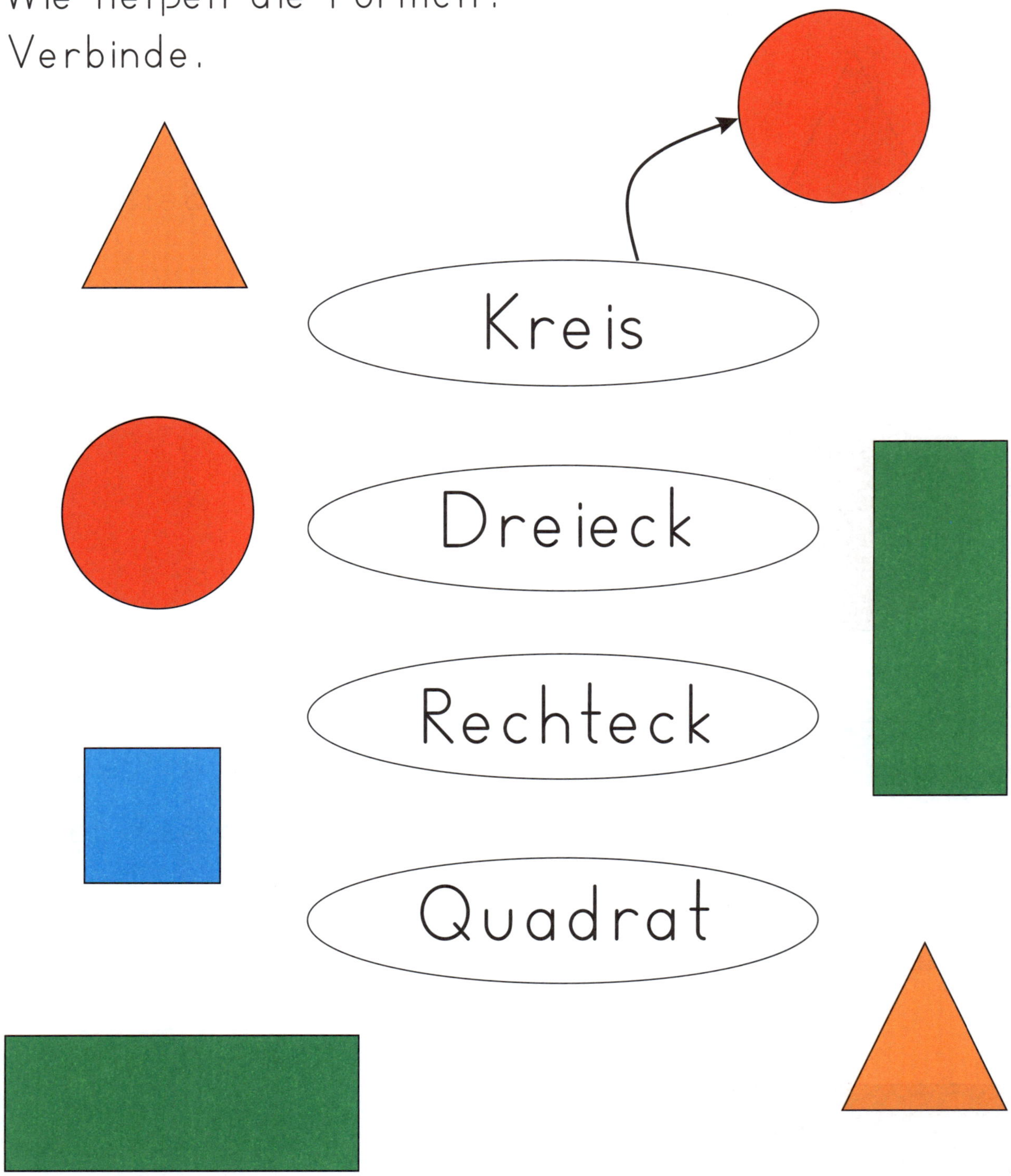

Zeichne die Formen.

Male die Formen aus.

Alle Rechtecke:

Alle Dreiecke:

Alle Kreise:

Alle Quadrate: